智能制造领域高素质技术技能人才培养系列教材

电工技术实训

组　编　北京华航唯实机器人科技股份有限公司

主　编　赵仁瀚　李沙沙

副主编　刘　浪

参　编　黄梓岳　张大维

机械工业出版社

本书根据职业院校机械制造及自动化专业人才培养方案和课程标准编写而成，采用任务驱动法，重点教授学生电工基本知识和电工操作技能，同时结合现代职业教育特点，添加"学习工匠精神"模块，通过大国工匠事迹，培养学生的工匠精神和责任意识，提高职业素养。

本书主要内容包括：照明电路的安装与检修，三相异步电动机点动电路的连接与排故，三相异步电动机连续运行电路的连接与排故，三相异步电动机正反转起动电路的连接与排故，三相异步电动机星形－三角形减压起动电路的连接与排故，三相异步电动机反接制动电路的连接与排故 6 个任务，内容丰富，可操作性强，逻辑清楚，由浅入深，通俗易懂。

本书可作为中高等职业院校、技师学院机电一体化技术、电气自动化技术、工业机器人技术、数控技术和机械制造及自动化等专业的教材，也可作为电子、电气行业技术人员的参考用书。

为方便教学，本书配有电子课件、习题答案、模拟试卷及答案等，凡选用本书作为授课教材的教师，均可登录机械工业出版社教育服务网（www.cmpedu.com）免费下载。联系电话：010-88379375。

图书在版编目（CIP）数据

电工技术实训 / 北京华航唯实机器人科技股份有限公司组编；赵仁瀚，李沙沙主编 . -- 北京：机械工业出版社，2025.5. --（智能制造领域高素质技术技能人才培养系列教材）. -- ISBN 978-7-111-78596-5

Ⅰ. TM

中国国家版本馆 CIP 数据核字第 20259SJ374 号

机械工业出版社（北京市百万庄大街 22 号　邮政编码 100037）

策划编辑：高亚云　　　　　　责任编辑：高亚云　章承林
责任校对：梁　园　张昕妍　　封面设计：王　旭
责任印制：张　博

北京机工印刷厂有限公司印刷

2025 年 8 月第 1 版第 1 次印刷

184mm×260mm · 6 印张 · 143 千字

标准书号：ISBN 978-7-111-78596-5

定价：25.00 元

电话服务　　　　　　　　　　网络服务

客服电话：010-88361066　　机 工 官 网：www.cmpbook.com
　　　　　010-88379833　　机 工 官 博：weibo.com/cmp1952
　　　　　010-68326294　　金 书 网：www.golden-book.com
封底无防伪标均为盗版　　机工教育服务网：www.cmpedu.com

前　言

　　为了贯彻落实《国家职业教育改革实施方案》和全国职业教育大会精神，全面执行《关于推动现代职业教育高质量发展的意见》，编者以培养更多高素质技术技能人才为己任，遵循职业教育特点和学生成长规律，并结合企业用人需求编写了本书。

　　电工技能是电气工程师、机电设备设计或调试人员必须掌握的关键技能之一，也是机电一体化技术、电气自动化技术、工业机器人技术、数控技术和机械制造及自动化等专业的必修课程之一。本书围绕三相异步电动机展开，以企业案例为载体，详细介绍了三相异步电动机点动控制、三相异步电动机连续运行控制、三相异步电动机正反转控制、三相异步电动机星形－三角形减压起动控制、三相异步电动机反接制动控制等电路的连接与排故等内容，覆盖了三相异步电动机控制的主要知识点，以期实用、好用。

　　本书秉承"以学生发展为起点，以职业标准为依据，以职业能力为核心"的理念，从职业能力培养的角度出发，力求体现职业培养的规律，满足职业教育课程、企业岗位、技能比赛的需要。本书特点如下：

　　（1）工匠精神进教材。本书设置了"学习工匠精神"模块，通过大国工匠事迹，培养学生的工匠精神和责任意识，提高学生职业素养，同时可极大地激发学生的求知欲和爱国情怀，引导学生树立正确的人生观、价值观，塑造职业精神、工匠精神，落实立德树人的根本任务。

　　（2）能力和素养共培养。本书选用典型企业案例，设置了合理的任务结构，每个任务包括任务描述、任务要求、学习工匠精神、相关知识、任务实施、任务考核、任务总结七个环节，让学生在实践中由浅入深地掌握电气元器件种类、电气元器件选择方法、常用电工工具使用方法、电路接线方法、电路故障查找与排除等内容，提高学生分析问题和解决问题的能力。同时，在考核知识和技能的过程中，对学生的职业素养进行考核，培养高素质技术技能人才。

　　（3）以课程为目标，追求实用、好用。在编写时删除非重点内容，精简教材内容，保留重点知识与技能，注重理论联系实际。

　　本书由北京华航唯实机器人科技股份有限公司组编，淄博职业学院赵仁瀚、李沙沙担任主编，北京华航唯实机器人科技股份有限公司刘浪担任副主编，淄博职业学院黄梓岳、北京华航唯实机器人科技股份有限公司张大维参与本书编写。其中任务一和任务二由赵仁瀚编写，任务三由李沙沙编写，任务四由刘浪编写，任务五由黄梓岳编写，任务六由张大维编写，全书由李沙沙统稿，刘浪审稿。

　　限于编者水平，书中难免有疏漏错误之处，恳请读者批评指正。

编　者

目　录

任务一

照明电路的安装与检修

◆ 一、任务描述

现有一厂房要搭建照明灯，一共 2 个灯泡，额定电压为 110V，功率为 1100W，2 个灯泡串联，要求按下按钮，2 个灯泡正常亮，再按下按钮，灯泡熄灭，一直循环往复。请按照要求绘制电路图，选择电气元器件，完成电路接线，使电路正常运行，并进行故障检测及排除。

◆ 二、任务要求

1）照明电路的安装。
2）照明电路的调试。
3）照明电路的检修，使其正常工作。

◆ 三、学习工匠精神

"35 岁电工登上国家科技最高奖台"的新闻，让王进一夜走红。

"35 岁""一线工人""中专生"的字眼与"世界带电作业第一人""国家科技进步二等奖获得者"之间的反差，让人们对王进充满了好奇：他是怎么做到的？

500kV 及以上的线路是城市的电路"动脉"，一旦出现故障会导致整个城市大停电。王进的工作就是在不停电的情况下，对超高压线路进行"手术"——这是一项连保险公司都会拒保的高风险工作。线路导线是四根一组，线间距 40cm，检修时要在这四根电线的间距中钻过去。这就意味着，工人的身体不能直立起来，否则安全距离不够，有生命危险，要在那么小的间距中完成检修任务，没有点"真功夫"是不行的。

实际上，王进虽然年纪轻轻，但已先后参加了 500kV 线路带电作业 100 余次，去过 183 个荒无人烟的地方，爬过 2000 多个高塔，排除的故障自己也数不清；完成抗冰抢险，奥运、全运保电，十八大保电，线路防舞动治理等各项重大任务；2011 年 10 月，成功完成了 ±660kV 线路世界首次带电作业，成为媒体眼中的"世界带电作业第一人"；作为青年创新能手，主持开展了"架空地线防震锤测量杆""地线折叠式飞车"等多个职工创新活动，其团队完成了 11 项发明专利。

"就是 4 个字，勤学苦练！"王进的成长，师傅徐元超看得明白。1998 年从临沂电校毕业后，王进当了两年送电线路工，2001 年首次接触带电作业。他当然明白自己的劣势，只要一有时间就闷头研究各种输电线路的参考书和塔形金具的图纸：从门形塔到酒杯塔，从单回线路到同塔双回，哪种塔形应该怎样攀爬……

"带电作业往往在寒冬酷暑的季节里进行。特别是夏天，我们穿着密不透风的屏蔽服在 40 多摄氏度的高温下一干就是两个小时，每次下来，整个人就像是从水里捞出来的一样，鞋里能倒出一碗水。"王进的同事李晓毅说，"为了适应这种工作，我们冬练三九、夏练三伏。"

（摘自科技日报）

💡 **思考：** 以后要成为什么样的人？如何担当起新时代青年责任？

_____

_____

_____

四、相关知识

1. 认识常见电气元器件

（1）熔断器

图 1-1 是熔断器实物图，其工作原理是：当电路通过电流超过熔断器额定电流时，电流产生的热量使熔断器内部的熔体（见图 1-2）熔化，从而断开电路，达到保护电路的目的。熔断器结构简单、使用方便、价格低廉，被广泛应用于各种电路设备中。主电路和控制电路都需要接熔断器，接线时，用螺钉旋具拧松两端螺钉，将导线端子塞入两端口，然后拧紧螺钉，通过金属片将导线端子压紧。熔断器电气符号如图 1-3 所示。

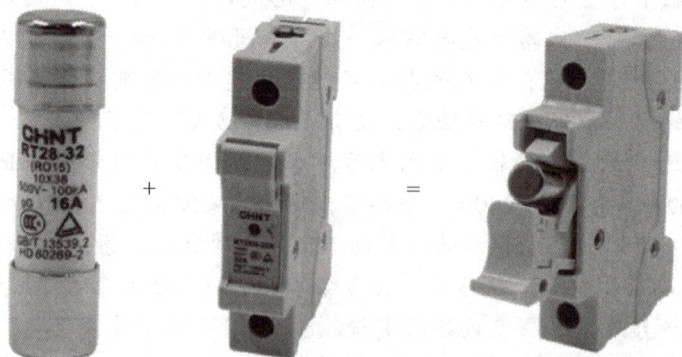

图 1-1　熔断器实物图

金属端帽　　填料　　熔体

陶瓷管

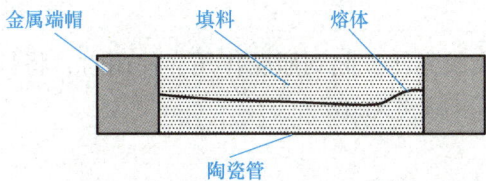

图1-2　熔体结构

FU

图1-3　熔断器电气符号

（2）断路器

　　图1-4是断路器实物图，主要用于接通和断开总电源，将供电电源与用电设备断开。其电气符号如图1-5所示，结构如图1-6所示。断路器的触头通过手动操作闭合，触头闭合后，自由脱扣机构将触头锁在闭合位置。电磁脱扣器的线圈和热脱扣器的热元件与电路串联，当电路发生短路或严重过载时，电磁脱扣器动作使自由脱扣机构脱扣，触头分离，断开电路；当电路过载时，热脱扣器的热元件发热使双金属片弯曲，推动自由脱扣机构脱扣，触头分离，断开电路。接线方法跟熔断器相同，区别在于，在确保电路连接无误后，需将操作手柄向上推，电路才能得电，将操作手柄拉下，电路断电。断路器接入主电路。

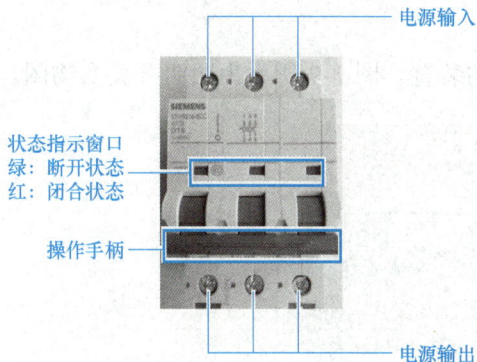

电源输入

状态指示窗口
绿：断开状态
红：闭合状态

操作手柄

电源输出

图1-4　断路器实物图

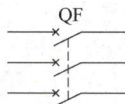

QF

图1-5　断路器电气符号

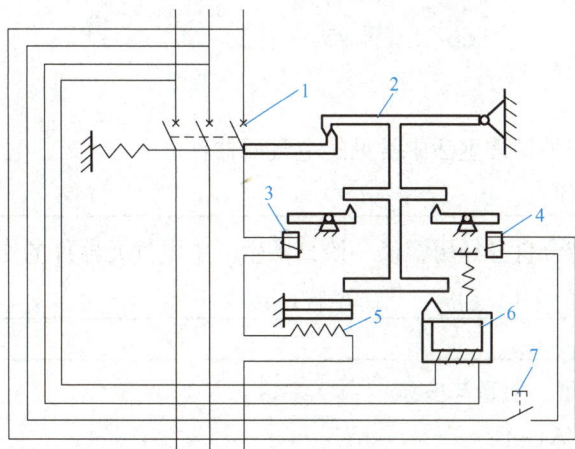

1
2
3
4
5
6
7

图1-6　断路器结构

1—主触头　2—自由脱扣器　3—电磁脱扣器　4—分励脱扣器　5—热脱扣器　6—失电压脱扣器　7—按钮

（3）照明灯泡

图 1-7 是照明灯泡实物图，可以将电能转换成光能，起到照明作用。使用时，将灯泡拧入相应的灯泡座中即可。照明灯泡电气符号如图 1-8 所示。

图 1-7　照明灯泡实物图

图 1-8　照明灯泡电气符号

（4）照明开关

照明开关是在电路中接通或断开照明电路的装置。图 1-9 所示为照明开关实物图。

图 1-9　照明开关实物图

☑ 思考题 1　列举日常生活中常见的电气元器件。

发光二极管、晶体管、电容、电阻等。

☑ 思考题 2　结合自身经历，谈一谈日常生活中电气元器件的作用是什么。

发光二极管主要用于信号指示，晶体管可用作无触头开关，电容可用于存储电量，电阻可用于分压和限流。

2. 电气元器件选型、检查与安装

（1）熔断器和熔体选型

图 1-10 为熔体参数含义，图 1-11 为熔断器参数含义。由于熔断器型号种类较多，在此只取几种熔断器型号进行介绍，其他型号需查阅相关手册。

图 1-10　熔体参数含义

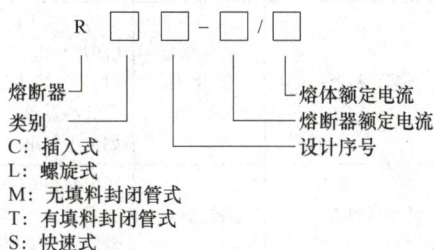

图 1-11　熔断器参数含义

1）RL1 系列螺旋式熔断器的型号及含义：

RL1-__ /__

参数含义：R 代表熔断器；L 代表螺旋式；1 代表设计序号；__ /__代表熔断器额定电流 / 熔体额定电流。

2）RT0 系列有填料封闭管式熔断器的型号及含义：

RT0-__ /__

参数含义：R 代表熔断器；T 代表有填料封闭管式；0 代表设计序号；__ /__代表熔断器额定电流 / 熔体额定电流。

3）RC1A 系列插入式熔断器的型号及含义：

RC1A-__ /__

参数含义：R 代表熔断器；C 代表插入式；1 代表设计序号；A 代表改型设计；__ /__代表熔断器额定电流 / 熔体额定电流。

熔断器和熔体的选择原则：

① 熔断器的额定电压必须大于或等于被保护电路的额定电压，熔断器的额定电流必须大于或等于所装熔体的额定电流，熔断器的额定分断能力应大于电路中可能出现的最大短路电流。

② 对于阻性负载电路（如照明电路或电热负载），熔体的额定电流应稍大于或等于负载的额定电流。

③ 对一台不经常起动电动机的短路保护，熔体额定电流 =（1.5 ~ 2.5）× 电动机额定电流。

④ 当电动机需要频繁起动或起动时间较长时，熔体额定电流 =（3 ~ 3.5）× 电动机额定电流。

（2）熔断器检查

熔断器检查分为外观检查、导通性检查、使用性检查三部分。通过观察外观确定熔断器是否存在损坏；通过万用表检查熔断器进线口和出线口之间是否正常导通；通过螺钉旋具确定螺钉是否正常。检查结束后，填写熔断器检查表，见表 1-1。

表 1-1　熔断器检查表

检查任务	检查工具	检查方法	检查结果
外观检查	肉眼	观察熔断器表面，是否存在裂缝、破损、缺少零件等情况，如果出现上述问题，说明熔断器可能已经损坏	
导通性检查	万用表	万用表档位调整至蜂鸣器档，按照"一进一出"原则（即每个电气元器件的每个触头都有一个进线口和一个出线口），红黑表笔分别接触熔断器上对应的进线口和出线口，看蜂鸣器是否发出响声，如果发出响声，说明导通性良好；如果不发出响声，说明不导通	
使用性检查	螺钉旋具	用螺钉旋具挨个拧压线螺钉，观察是否可以正常拧动，如果可以正常拧动，说明熔断器使用性良好；如果不能正常拧动，说明螺钉存在问题	

（3）熔断器安装

如图 1-12 所示，熔断器后方有相应安装卡扣，安装时，利用熔断器卡扣直接卡在电气导轨上。拆卸时，需将卡扣外拉，使卡扣与电气导轨分离，即可取下熔断器，图 1-13 为熔断器安装在电气导轨上的实物图。

图 1-12　熔断器卡扣位置

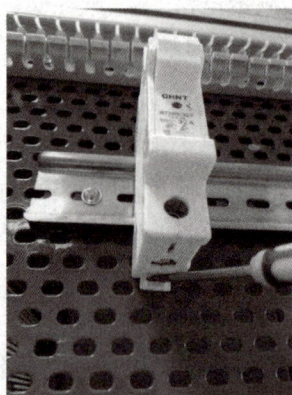

图 1-13　熔断器安装实物图

（4）断路器选型

图 1-14 为断路器型号含义，每个断路器均有标注。由于断路器型号较多，在此只取一种断路器型号进行介绍，其他型号需查阅相关手册。

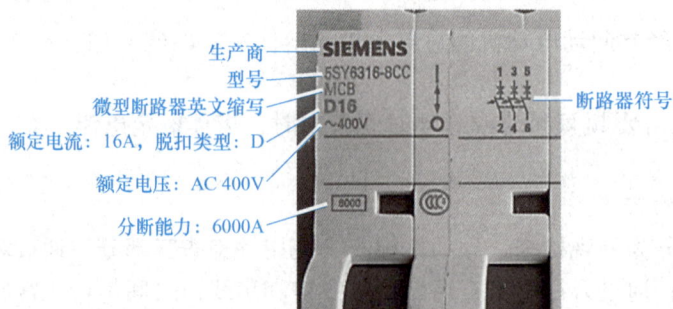

图 1-14　断路器型号含义

断路器型号格式：

$$\underline{①} \quad \underline{②} \quad \underline{③} - \underline{④} \quad \underline{⑤} / \underline{⑥} \quad \underline{⑦}$$

具体含义：

①—产品字母代号：S—少油断路器；D—多油断路器；K—空气断路器；L—六氟化硫断路器；Z—真空断路器；Q—产气断路器。

②—装置地点代号，N—户内；W—户外。

③—设计系列顺序号，以数字1、2、3…表示。

④—额定电压，kV。

⑤—其他补充工作特性标志，G—改进型；F—分相操作。

⑥—额定电流，A。

⑦—额定开断电流，kA。

断路器选择原则：

① 断路器的额定工作电压≥线路额定电压。

② 断路器的额定工作电流≥线路额定电流。

③ 断路器的额定短路通断能力与电路特性相匹配。

（5）断路器检查

断路器检查分为外观检查、导通性检查、使用性检查三部分。通过观察外观确定断路器是否存在损坏；通过万用表检查断路器进线口和出线口之间是否正常导通；通过螺钉旋具确定螺钉是否正常。检查结束后，填写断路器检查表，见表1-2。

表 1-2　断路器检查表

检查任务	检查工具	检查方法	检查结果
外观检查	肉眼	观察断路器表面，是否存在裂缝、破损、缺少零件等情况，如果出现上述问题，说明断路器可能已经损坏	
导通性检查	万用表	万用表档位调整至蜂鸣器档，将断路器手柄推上去，按照"一进一出"原则，红黑表笔分别接触断路器上对应的进线口和出线口，看蜂鸣器是否发出响声，如果发出响声，说明导通性良好；如果不发出响声，说明不导通	
使用性检查	螺钉旋具	用螺钉旋具挨个拧压线螺钉，观察是否可以正常拧动，如果可以正常拧动，说明断路器使用性良好；如果不能正常拧动，说明螺钉存在问题	

（6）断路器安装

图1-15为断路器安装在电气导轨上的实物图，断路器安装方法与熔断器类似，在此不再赘述。

（7）照明灯泡选型

灯泡可以通过相关说明书进行查阅。灯泡选择原则：

① 灯泡的额定工作电压≥线路额定电压。

② 灯泡的额定工作电流≥线路额定电流。

③ 灯泡的额定功率满足使用要求。

图 1-15　断路器安装实物图

（8）照明灯泡检查

检查灯泡外观是否有裂纹，检查灯丝是否断裂，检查底座接触情况。检查结束，填写灯泡检查表，见表 1-3。

表 1-3　灯泡检查表

检查任务	检查工具	检查方法	检查结果
外观检查	肉眼	观察灯泡表面，是否存在裂缝、破损、断丝等情况，如果出现上述问题，说明灯泡可能已经损坏	
使用性检查	照明电路	将灯泡拧入灯座，观察是否可以正常拧入，如果可以正常拧入，说明灯泡使用性良好；如果不能正常拧入，说明灯泡存在问题	

（9）照明灯泡安装

图 1-16 所示为灯座实物图，灯泡安装时，将灯泡直接拧在相应灯座中即可。图 1-17 为灯座安装图，灯座通过螺钉固定在底座上，底座通过螺钉安装到接线板上。

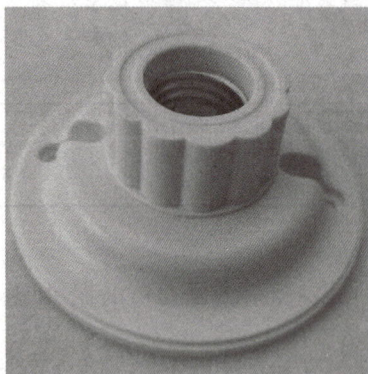

图 1-16　灯座实物图

图 1-17　灯座安装图

（10）照明开关选型

照明开关类型繁多，按照面板类型，有 86 型、120 型、118 型等；按照连接方式，有单极开关、两极开关、三极开关等；按照起动方式，有旋转开关、翘板开关、按钮开关等。

（11）照明开关检查

检查开关外观是否有裂纹和变形，检查开关是否可以正常闭合与断开，检查开关导通性。检查结束，填写开关检查表，见表1-4。

表 1-4　开关检查表

检查任务	检查工具	检查方法	检查结果
外观检查	肉眼	观察开关表面，看是否存在裂缝、破损、变形等情况，如果出现上述问题，说明开关可能已经损坏	
使用性检查	手	用手按动开关，观察是否可以顺利闭合与断开，是否存在异响或按压受阻的情况，如果可以正常闭合与断开，说明开关使用性良好；如果不能正常闭合与断开，说明开关存在问题	
导通性检查	万用表	万用表调整至蜂鸣器档，将开关按到闭合状态，用红黑表笔接触开关的进线口和出线口，观察是否发出蜂鸣声，如果发出声音，说明导通性正常；如果不发出声音，说明开关存在问题	

（12）照明开关安装

图1-18所示为照明开关内部安装图，图1-19所示为照明开关外部安装图。开关通过螺钉固定在底座上，底座通过螺钉安装到接线板上，再加上开关边框和操作板即可以完成照明开关的安装。

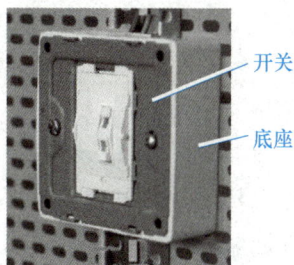

图 1-18　照明开关内部安装图

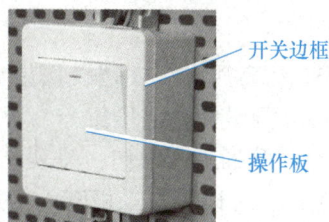

图 1-19　照明开关外部安装图

☑ **思考题 3**　选择照明灯泡需要注意哪些问题？

亮度要求，节能要求，环境要求，寿命要求，额定功率要求。

3. 认识常见电工工具

（1）数显万用表

图1-20是数显万用表实物图，可测量直流电流、直流电压、交流电流、交流电压、电阻、二极管、晶体管等，使用方法如下：

① 把红表笔插入VΩ档（图1-20c ③），黑表笔插入COM档（图1-20c ④），功能选择旋钮旋转到欧姆档（Ω），可以测量电阻值，要注意的是，电阻单独拿出来测量，禁止把电阻接到电路里进行测量。

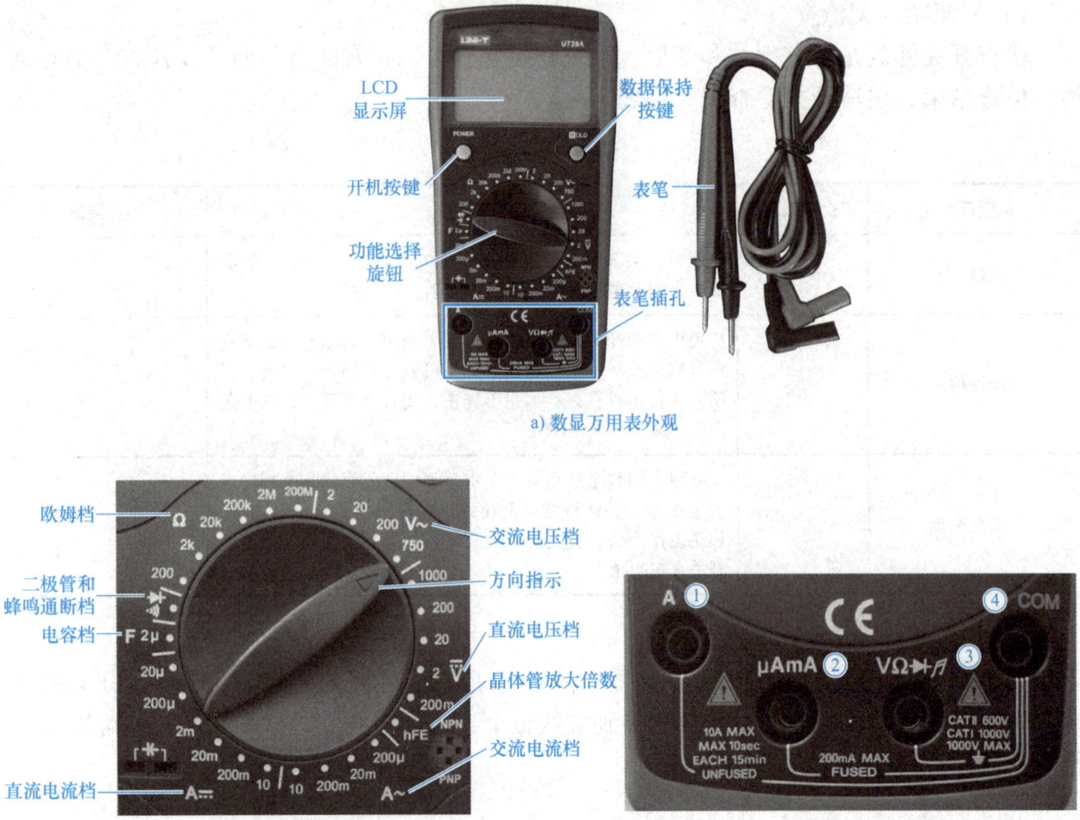

a) 数显万用表外观

b) 数显万用表表盘

c) 数显万用表表笔接口

图 1-20　数显万用表实物图

② 把红表笔插入 VΩ 档,黑表笔插入 COM 档,功能选择旋钮旋转到交流电压档
(V～),可以测量交流电压值。

③ 把红表笔插入 VΩ 档,黑表笔插入 COM 档,功能选择旋钮旋转到单个二极管和蜂
鸣通断对应档,可以测量二极管的导通性,如果二极管导通,数显万用表会发出蜂鸣声。

④ 把红表笔插入 VΩ 档,黑表笔插入 COM 档,功能选择旋钮旋转到直流电压档
($\overline{V}$),可以测量直流电压值。

⑤ 把红表笔插入 VΩ 档,黑表笔插入 COM 档,功能选择旋钮旋转到电容档(F),
可以测量电容值。

⑥ 把红表笔插入 A 档(图 1-20c ①)或 mA 档(图 1-20c ②),黑表笔插入 COM 档,
功能选择旋钮旋转到交流电流档(A～),可以用来测量电路的交流电流,要注意的是,
需要把数显万用表红表笔和黑表笔串联到正在工作中的电路测交流电流值。红表笔根据电
流大小选择 A 档(200mA ～ 10A)或 mA 档(低于 200mA)。

⑦ 把红表笔插入 A 档(图 1-20c ①)或 mA 档,黑表笔插入 COM 档,功能选择旋钮
旋转到直流电流档(A═),可以测量电路的实时直流电流信号,要注意的是,需要把数显
万用表红表笔和黑表笔串联到正在工作中的电路测直流电流值。红表笔根据电流大小选择
A 档(200mA ～ 10A)或 mA 档(低于 200mA)。

需注意：图 1-20c ①号孔用于测量 200mA ～ 10A 的电流，②号孔用于测量小于 200mA 的电流，③号孔用于其他物理量（如电压、电阻、二极管和蜂鸣通断）的测量；不论测量哪个物理量，黑表笔均插入④号孔。

（2）剥线钳

图 1-21 是剥线钳实物图，是电工接线和设备维修的常用工具之一，主要用于剥除导线上的绝缘层。使用时，将导线伸入钳口，然后压下手柄，即可将导线外皮剥离。

图 1-21 剥线钳实物图

（3）螺钉旋具

图 1-22 是螺钉旋具实物图，是一种拧螺钉的工具，头部有一个薄楔头，使用时，将薄楔头插入螺钉钉头的槽缝中，通过旋转螺钉，将螺钉拧紧或拧松。有的螺钉旋具附带有多种形状楔头，可以根据需要进行更换，常见螺钉旋具头分为十字和一字两种。

图 1-22 螺钉旋具实物图

4. 电路图的绘制与阅读

（1）电路图的绘制

绘制电路图是电工操作中非常重要的环节，将电气符号按照一定的顺序用实线连接起来，得到的图称为电路图。通过绘制电路图，可以将各电气元器件的逻辑关系清楚地表达出来，便于后期进行电气元器件的布线、接线和维修。

图 1-23 所示为照明电路的电路图，画出需要用到的电气元器件的图形符号，然后用实线将其按照一定顺序连接起来，再标注上电气元器件的文字符号，即可得到电路图。在绘制电路图时，需要分析电路的主要组成和功能，然后根据具体功能，进行电路图的绘制。对于比较复杂电路来说，先将电路功能进行逐个分解，然后依次进行电路图的绘制。如图 1-23 所示，该电路主要完成对两个灯泡的控制，两个灯泡之间为串联，由一个按钮控制，按钮闭合后，电路接通，两个灯泡同时亮起。电路中接入熔断器作为电路保护，因此将熔断器、灯泡、按钮等电气符号按照串联方式排列出来，然后用实线将各电气符号依次连接起来，形成电路图。

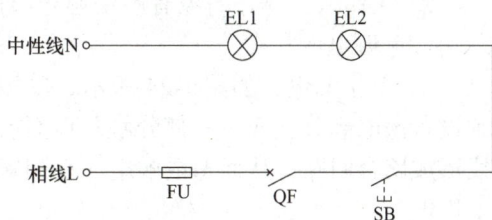

图 1-23 照明电路图

（2）电路图的阅读

电路图的阅读是电工实训中非常重要的一方面，通过阅读电路图，能够明白电路的组成以及电路的功能。读图时，首先确定电路中电气元器件的类型、数量和接线方式，同时，必须明确电路中所用的保护电气元器件有哪些，如断路器、热继电器、熔断器及过电流继电器等元器件。一般来说，先对主电路分析完成以后，再分析控制电路，最后将主电路和控制电路结合在一起熟悉电路图的整体功能。

☑ **思考题 4**　电路图的读图与绘制的关键是什么？

掌握常见电气元器件名称、符号和作用，弄清楚各电气元器件之间的连接逻辑，多读多看多练习。

5. 安全用电

触电对人体的伤害分两种，一种是电击，一种是电伤。电击是触电者直接接触带电部分，电流通过身体，当电流达到一定数值后，人会产生心律不齐、血压高等情况，造成人体内部脏器损伤，危及生命。电伤是指触电后，由于电流的热效应导致皮肤的局部烧伤或肌肉痉挛。当人体通过的交流电流超过 10mA 或者直流电流超过 50mA 时，就可能危及生命。表 1-5 列举了电流对人体的影响情况。

表 1-5　电流对人体影响情况

电流大小 /mA	对人体的影响情况
<0.7	无感觉
1	有轻微感觉
1～3	有刺激感，一般电疗仪器取此电流
3～10	感到痛苦，但可自行摆脱
10～30	引起肌肉痉挛，短时间无危险，长时间有危险
30～50	强烈痉挛，时间超过 60s 即有生命危险
50～250	产生心脏室性纤颤，丧失知觉，严重危害生命
>250	短时间内造成心脏骤停，体内造成电灼伤

（1）触电的主要原因

1）电气设备质量不合格，存在漏电问题。

2）电气设备安装不符合相关要求。

3）工作人员操作时没有严格遵守操作规程。

（2）触电的种类

1）单相触电，如图 1-24 所示，单相触电是指人体的一部分触及一根相线，或者接触到设备漏电部分，而另一部分触及地面或中性线，此时电流从相线经人体流到地面或中性线形成闭合回路，从而造成触电。单相触电常见于家庭用电，因为家用电器都是单相交流电供电。

2）两相触电，如图 1-25 所示。两相触电是指人的两个部分同时触及两根带电的相线，电流流经人体形成回路，造成触电。由于两相触电电压大于单相触电电压，因此两相触电后果比单相触电更为严重。

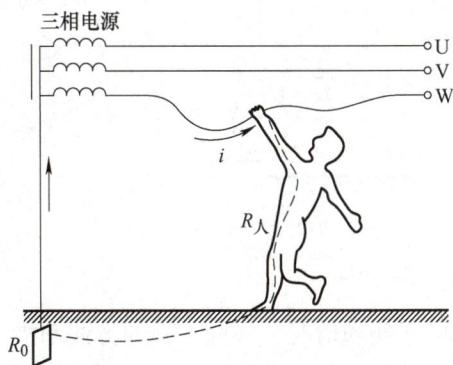

图 1-24　单相触电

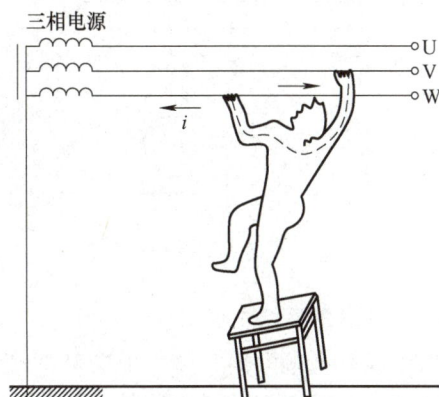

图 1-25　两相触电

3）跨步电压触电，如图 1-26 所示。当高压电线断落在地上时，电流就会经落地点流入地中，并在一定范围内形成电场。距离导线落地点越远，电场越弱，在落地点大约 20m 以外，电位接近于零。当有人靠近时，两脚踩在不同的电位上，形成电位差，该电位差称为跨步电压。当人体受到跨步电压的作用时，电流从一脚经跨部流到另一脚下形成回路，造成跨步电压触电。

图 1-26　跨步电压触电

（3）预防触电

1）设备保护接地原理图如图 1-27 所示。电气设备的外壳部分与大地连接，此时，当人体接触设备外壳时，由于设备电流通过接地装置流入大地，减少了通过人体的电流，达到预防触电的目的。

2）设备保护接零原理图如图 1-28 所示。当电气设备发生漏电后，电压经过设备外壳到中性线形成回路，产生短路电流，使电路中保护元器件动作，快速切断电源。由于人体的电阻远大于短路电阻，在未解除故障前，短路电流几乎全部通过接零电路，达到预防触电的目的。

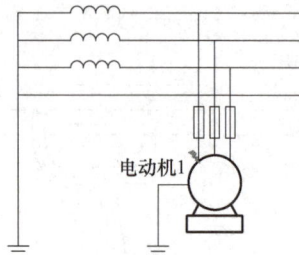

图 1-27　设备保护接地原理图

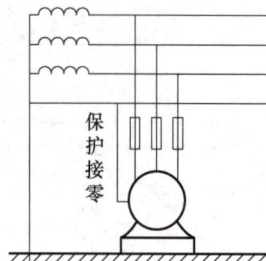

图 1-28　设备保护接零原理图

6. 触电急救方法

当发现有人触电后，应立即断开电源。救护人员根据现场情况，采取正确的方法和措施，使触电人员得到及时的抢救，抢救方法主要有人工呼吸急救法和胸外心脏按压法。

（1）人工呼吸急救法

人工呼吸是常用急救方法之一，其中，口对口人工呼吸效果最好，简单易学，容易掌握，如图 1-29 所示。

1）将触电者仰卧，打开衣领，救护者一只手捏紧触电者的鼻子，另一只手掰开触电者的嘴，救护者用嘴向触电者口腔内吹气，每次吹气要以触电者的胸部微微鼓起为宜。

2）吹气后，将嘴移开，松开捏鼻子的手，让触电者自行呼吸。

3）每次吹气速度要均匀，反复多次，直到触电者能够自行呼吸为止。

4）如果触电者的嘴不易掰开，可捏紧嘴，向鼻孔内吹气。

（2）胸外心脏按压法

胸外心脏按压法也是常用急救方法之一，适用于触电者心跳停止或不规则跳动的情况，通过人工操作，刺激心脏有规律的收缩，达到恢复触电者心跳的目的，如图 1-30 所示。

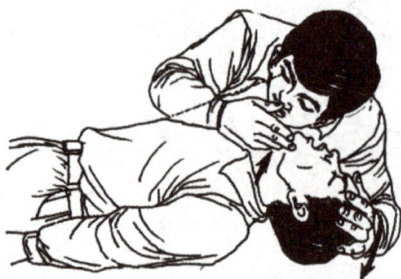

图 1-29　人工呼吸急救法

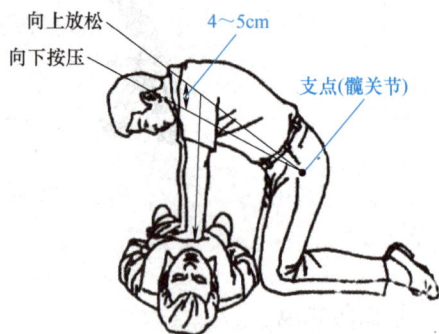

图 1-30　胸外心脏按压急救法

1）触电者仰卧在平地上，衣领解开，保持呼吸道畅通。

2）救护者跪在触电者一侧，双手交叉相叠，手掌根部放在心窝稍高一点的地方，用力垂直向下反复按压。对成人压陷 3 ~ 4cm，每分钟按压 60 次为宜；对于儿童，仅用一只手按压，深度较成人浅，每分钟大约 90 次为宜。

3）按压后，手掌迅速放松，让触电者的胸部自动复原，心脏按压有效果时，会摸到颈动脉的跳动，如果按压时感觉不到跳动，应加大按压力量，减缓按压速度，再观察脉搏是否跳动。按压时要十分注意按压的位置和力量大小，以免发生肋骨骨折。

7. 电气火灾的扑救

电气火灾一般是由于线路或电气设备发生老化造成短路引起的，由于电气火灾是带电燃烧，所以扑救难度较大，在扑救时应特别小心，注意安全，严格按照规定的扑救方法进行扑救。

（1）断电灭火

1）发生电路火灾时，必须先使用绝缘工具进行断电操作，然后进行灭火。

2）如果确定是电气设备或其他带电设备引起的火灾，应先断开电源，然后进行扑救。

3）如果需要剪断线路，必须做好防触电保护，用断电剪将电线切断。

（2）带电灭火

1）可用二氧化碳灭火器进行扑救，但应注意，灭火位置应与带电体相隔一定距离，防止触电，且站在上风向进行操作，防止出现灭火效果不佳等情况。

2）用水进行带电灭火时需要注意，水能导电，因此要穿戴防护用品，确保人身安全的情况下，才能进行灭火操作。用水带电灭火时应注意，操作人员应与带电体保持一定距离，没有穿戴防护用具的人员，严禁接近火灾燃烧区。在灭火之后，所有人员严禁接近带电设备和水渍区，防止发生触电，必须等整个区域安全后才能接近。

8. 电工安全操作

1）操作前，必须检查电工工具、测量仪表和防护用具是否完好。

2）电气设备不确定是否有电时，严禁用身体任何部位接触。

3）设备检修时必须断电，严禁在电气设备运行过程中维修和调整设备。

4）在进行设备维修操作时，必须有可靠的接地线。

5）电气设备运行中突然断电时，必须仔细检查设备带电情况，确保无电后方可进行维修操作。

6）维修电气设备时，必须是专门检修人员操作，调试做好后，与后续人员交接工作，禁止非专业维修人员维修电气设备。

7）若必须进行带电维修时，操作人员必须配齐专业防护，如绝缘服、绝缘手套和绝缘鞋等，且至少两人一组进行操作，确保人员安全，禁止一人单独操作带电设备。

8）电气设备金属外壳必须有可靠接地，接地线要符合国家标准，同时要对接地线定期检查，发现问题及时更换。

9）在拆除电气设备后，对可能带电的线头必须用绝缘布包好，防止设备漏电伤人。

10）配电箱、变压器等各种电气设备附近，不准堆放各种易燃、易爆、易腐蚀等物品。

11）各类电气元器件的型号和规格要与设备和线路相匹配。

12）应定期检查电工工具箱及防护用品，如绝缘鞋、绝缘手套等绝缘性能是否良好，如有问题，立即更换。

13）使用电工梯时，梯子与地面之间的角度以60°左右为宜，在水泥地面上使用梯子时，要有防滑措施，必要时，需要两人操作，一人扶梯，一人操作。

14）在维修操作电气设备时，应悬挂安全警示牌，严格遵守停电操作规定。

15）在维修电气设备前，要清扫工作场地和工作台，防止灰尘等杂物侵入电路而造成电气设备短路。

9. 电路常见故障类型及排除方法

表1-6列举了电路常见故障，主要分为五大类，第一类故障排查主要是用手去捯导线，找到松动未压牢的地方并进行加固；第二、三、四类故障排查主要是通过万用表进行测量，测量方法采用"两点测量"，即逐一测量所有电气元器件和导线的进出口端点，找到故障位置并进行排除；第五类故障排查主要通过重新梳理电路图，确定各电气元器件的逻辑关系，重新进行线路连接和布置。

表 1-6　电路常见故障排查表

序号	故障类型	表现形式	解决办法
1	接线端子未压牢	导线脱落或电路无电流	逐一排查，依次压牢
2	电路短路	电流过大或有电气元器件烧坏	用万用表找到短路位置并更换电气元器件
3	电路断路	电路无电流	用万用表找到断路位置并重新连接
4	电气元器件损坏	电路无电流或按压无反应	用万用表找到损坏的电气元器件并更换
5	接线错误	电路无电流或无法实现预定功能	按照电路图重新接线

☑ **思考题 5**　进行电工操作时应该如何防止触电？

① 做好自身防护；② 严格按照操作要求进行操作；③ 定期检查电气设备状态。

☑ **思考题 6**　检查电气元器件时，应该注意哪些问题？

① 选择合适的检测设备；② 选择合适的检测方法；③ 做好防触电保护。

☑ **思考题 7**　发生触电事故时，应该如何在急救过程中确保自身安全？

① 先切断电源；② 做好自身触电防护。

◆ 五、任务实施

1. 准备工作

进行操作之前，领取安全帽、绝缘服、绝缘鞋、绝缘手套等防护用品，每人一套，按照表1-7和表1-8要求进行准备。

表 1-7　常用电工工具清单

序号	工具名称	单位	数量	备注
1	万用表	个	1	
2	剥线钳	个	1	
3	验电笔	个	1	
4	断线钳	个	1	

（续）

序号	工具名称	单位	数量	备注
5	十字槽螺钉旋具	把	1	
6	一字槽螺钉旋具	把	1	
7	工具箱	套	1	
8	压线钳	把	1	

表 1-8　电气元器件清单

序号	工具名称	单位	数量	符号	备注
1	断路器	个	1	QF	
2	熔断器	个	1	FU	
3	按钮	个	1	SB	
4	灯泡	个	2	EL1、EL2	

2. 实操练习

（1）照明电路接线

1）请写出控制要求：

按下按钮，照明灯亮，再按下按钮，照明灯熄灭，一直循环往复。

2）请按照控制要求，绘制电路图，如图 1-23 所示。

3）请按照控制要求，选择合适的电气元器件并说明理由：

由于每个灯泡额定电压为 110V，功率为 1100W，因此根据 $P=UI$ 可知，电路中通过的电流为 10A，因此断路器型号选择正泰 DZ47-60C，额定电流 16A，额定电压 400V，满足使用要求。熔断器型号选择正泰 RT28-32 熔体和 RT28N-32X 底座，额定电流 16A，额定电压 380V，满足使用要求。按钮选择公牛 G12 系列的一开单控翘板开关，额定电流 16A，额定电压 250V，满足使用要求。

注意事项：

① 操作之前，需要穿戴好防护用品，确保工作台安全不带电，电气元器件和电工工具准备齐全。

② 按照要求绘制电路图，熟悉各电气元器件之前逻辑关系与布线方法。

③ 按照电路图进行实物接线，使照明电路正常运行。

④ 实操结束后，将电气元器件和电工工具按照要求放好，确保数量和种类齐全。

⑤ 按时归还防护用品、电工工具及电气元器件。

（2）照明电路故障检测及排除

1）通过肉眼观察，检查每个电气元器件表面是否存在破损、裂缝等明显问题，如果有的话，更换损坏的电气元器件。

2）根据万用表使用方法，结合电路图，利用两个表笔对照明电路的所有电气元器件进行导通性检查，导通性检查方法与前面检查电气元器件的导通性方法一致。

3）对照图 1-23，对电路接线的逻辑性进行检查，按照"一进一出"原则，检查是否存在导线接错位置的问题。

4）针对照明电路的每个接线端是否存在接触不良进行检查，方法是用手轻轻拽导线，看看是否容易拽掉，如果容易拽掉，则说明接线不牢，需要重新将导线拧紧。

5）完成照明电路所有故障排除，并根据实际情况填写表 1-9。

表 1-9　电路故障检查表

序号	电气元器件导通性	检查结果	接线端松紧	检查结果	接线逻辑	检查结果
1	熔断器 FU		熔断器进线端和出线端		对照电路图检查接线位置是否正确	
2	灯泡 EL1、EL2		灯泡进线端和出线端		对照电路图检查接线位置是否正确	
3	按钮 SB		按钮进线端和出线端		对照电路图检查接线位置是否正确	
4	断路器 QF		断路器进线端和出线端		对照电路图检查接线位置是否正确	

◆ 六、任务考核

任务考核标准见表 1-10。

表 1-10　任务考核标准

考核任务	考核要求	配分	评分标准	扣分	得分
认识电气元器件	1. 能认知熔断器、断路器、灯泡等电气元器件 2. 熟悉熔断器、断路器、灯泡等电气元器件的作用	15	1. 不认识熔断器、断路器、灯泡等电气元器件，扣 2 分 / 个 2. 不熟悉熔断器、断路器、灯泡等电气元器件作用，扣 2 分 / 个		
电工工具使用	掌握万用表、剥线钳、螺钉旋具等基本电工工具使用方法	10	1. 万用表、剥线钳、螺钉旋具等工具使用不熟练，扣 1 分 / 次 2. 损坏电工工具，扣 1 分 / 次		
接线操作和排故操作	1. 掌握接线操作方法 2. 掌握排故方法	50	1. 电气元器件选用不当，扣 2 分 / 处 2. 接线松动，扣 1 分 / 处 3. 接线错误，扣 2 分 / 处 4. 电路不能正常运行，扣 5 分 / 处 5. 不能正确排除故障，扣 2 分 / 处		
课堂实训情况	态度认真、虚心好学、埋头苦干	5	做与课堂无关的事情，扣 1 分 / 次		
自觉遵守安全文明生产规程	规范着装，安全文明操作，无事故和事故苗子	5	1. 违反安全生产规程，视情节扣 1～5 分 2. 违反文明操作规程（工具、器材的摆放不规范、不清理现场），扣 1～5 分 3. 着装不规范，扣 1 分 / 次		
团队协作情况	具有良好的团队合作精神，热心帮助小组其他成员	5	不参与团队合作，扣 5 分		

（续）

考核任务	考核要求	配分	评分标准	扣分	得分
现场管理情况	能够按照 6S 管理要求正确管理现场	5	未按照 6S 管理整理现场，扣 1 分 / 处		
学习纪律出勤情况	遵守上下班制度，无迟到、早退、请假	5	迟到、早退、请假，扣 1 分 / 次		

◆ 七、任务总结

填写任务总结反馈表，见表 1-11。

表 1-11　任务总结反馈表

实训存在问题	具体原因	改进措施

任务二

三相异步电动机点动电路的连接与排故

◆ 一、任务描述

现有一三相异步电动机要完成正转点动控制，电动机功率为7.5kW，额定电压为380V，额定电流为15.8A，额定转速为1440r/min，请按照要求绘制电路图，选择电气元器件，完成电路接线，使电路正常运行，并完成故障检测及排除。

◆ 二、任务要求

1）电动机点动电路接线。
2）电动机点动电路故障检测及排除。

◆ 三、学习工匠精神

他是工匠劳模，在电力行业一干就是三十余年；他是电力"发明专家"，攻坚克难，破解一道道现场技术难题；他是"技术领衔人"，曾取得多项创新技术成果……他就是国网四平供电公司职工创新管理办公室副主任、国家级劳模创新工作室领衔人琚永安。

三十多年来，琚永安将现场遇到的难题变课题，独立完成创新成果100余项，获23项国家专利，发表论文20余篇，诸多创新成果填补了国内外空白。1986年，22岁的琚永安从沈阳电校毕业，如愿地做了一名电网调度员。"和电有关的东西，我都感兴趣。"琚永安兴奋地说，白天跑现场，晚上狂补专业知识，慢慢地，他就有了自己的思路和想法。在工作中，他善于找问题、攻难点，练就了"一专多能"的本领。近年来，他取得的成果应用已经节约创效达7000余万元，其中"OPGW"复合光缆旋剥机入围国家电网公司电商产品孵化平台，得到了全国的推广应用。

做了三十多年的"电力医生"，琚永安不仅练就了解决问题的本领，还擅长在现场抓住一些"灵感"，积极研发新技术。

电网线路建设施工放线时，经常需要跨越很多障碍，因此极易引发冲突、补偿等问题。一直以来大家都是按照老传统干活，可琚永安偏不服气："不能还用原始的方式解决问题，得充分运用高科技，从施工方式和手段上想办法。"那段时期，他一头扎进实验室，整日埋头苦干，两个月后设计制作出"无线电遥控放线导引绳牵引滑车"——只要将该车挂在线路架空地线上，就可以用遥控器控制其行进方向，带动导引绳轻松跨越线路下方的各类障碍物，完全是空中作业。如此，占地赔偿、延迟工期等挠头问题均迎刃而解，此项发明也填补了国内空白。

针对铁塔塔材丢失问题，琚永安发明了铁塔防盗拆技术，大大减少了塔材修补的成本；变电站检修时，现场专用车辆特别多，他发明了"多功能变电设备微型检修车"，实现了七种常规检修设备功能的整合，达到了一机到场、检修全能的目的；他研究的"新式接续线夹"，消除了线路过热和断线隐患，提高了供电可靠性，方便了带电作业。

（摘自吉林日报）

💡 思考：什么是工匠精神？如何实现工匠精神？

_____

_____

_____

◈ 四、相关知识

1. 认识常见电气元器件

（1）交流接触器

图 2-1 是交流接触器实物图，是用小电流去控制大电流的一种开关，在电路中起到自动调节、安全保护的作用。结构如图 2-2 所示。其工作原理是，当线圈得电后，铁心产生电磁吸力，动铁心被吸合，与动铁心相连的连杆带动触头动作，使常开触头吸合，常闭触头断开；当线圈断电时，电磁吸力消失，动铁心在弹簧作用下复位，使常开触头断开，常闭触头闭合，接触器处于失电状态。交流接触器通常用于控制电路中。接线时方法与熔断器相同，其中 L1、L2、L3 为三相交流电进线口，T1、T2、T3 为三相交流电出线口，L1、L2、L3、T1、T2、T3 为主触头，NO 和 NC 为辅助触头，其中 NO 为常开辅助触头，NC 为常闭辅助触头，A1 和 A2 为线圈进出口，交流接触器电气符号如图 2-3 所示。

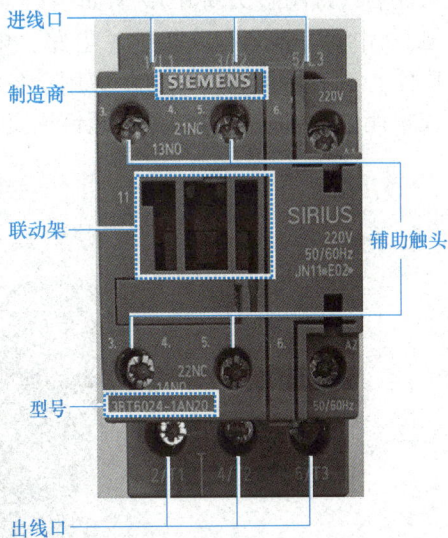

图 2-1   交流接触器实物图

图 2-2 交流接触器结构

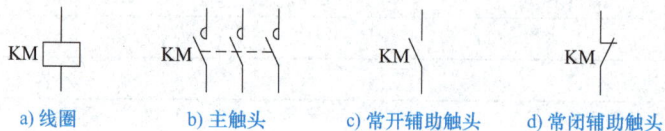

a) 线圈　　　b) 主触头　　　c) 常开辅助触头　　　d) 常闭辅助触头

图 2-3 交流接触器电气符号

（2）按钮

图 2-4 是按钮实物图，结构如图 2-5 所示。按钮的工作原理是，按钮按下后，常开触头闭合（常闭触头断开），从而接通（或断开）电路。当松开按钮后，常开触头断开（常闭触头闭合），断开（或接通）电路，电气设备停止（或开始）工作。按钮结构简单，应用广泛，成本低廉，因此广泛应用于各种控制电路。接线时，根据实际需要，选择常开触头或常闭触头接入导线，并用螺钉压紧。按钮电气符号如图 2-6 所示。

图 2-4 按钮实物图

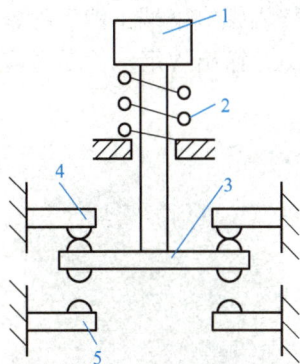

图 2-5　按钮结构

1—按钮　2—复位弹簧　3—动触头
4—常闭触头　5—常开触头

a) 常开按钮　　b) 常闭按钮　　c) 复合按钮

图 2-6　按钮电气符号

（3）导线

图 2-7 是导线实物图，主要用于连接电气元器件。接线前，需要用剪线钳先剪合适的长度，再用剥线钳将导线两端绝缘皮剥掉，将露出的金属与电气元器件接线位置进行连接。导线电气符号如图 2-8 所示。

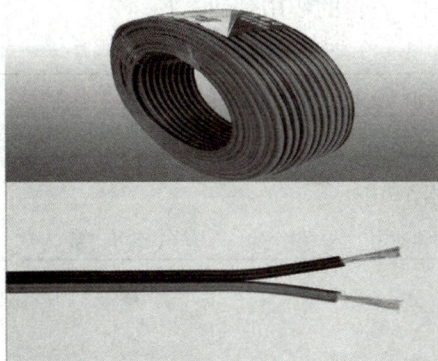

图 2-7　导线实物图

图 2-8　导线电气符号

（4）接线端子

图 2-9 为接线端子实物图，一端有孔可以插入导线金属部分，另一端是金属触头，用于与电气设备或端子排连接，使用方便。按照种类分类，端子可以分为欧式接线端子系列、插拔式接线端子系列、栅栏式接线端子系列、弹簧式接线端子系列等。

（5）端子排

端子排是承载多个相互绝缘的端子的中间转换部件，图 2-10 和图 2-11 为两种常见端子排实物图。主要作用是将电气设备的导线集中连接，起到集中

图 2-9　接线端子实物图

传递信号的作用。使用时，用工具将螺钉拧松，将导线接入螺钉下端，然后拧紧螺钉，确保螺钉将导线金属部分压紧即可。端子排没有严格的输入 / 输出规定，但是对应位置的一对端子须遵循"一进一出"的原则进行接线操作。

图 2-10　端子排实物图 1

图 2-11　端子排实物图 2

☑ **思考题 1**　主触头和辅助触头有什么区别？

主触头接在主电路中，电流较大；辅助触头接在控制电路中，电流较小。自锁一般用辅助触头完成。

☑ **思考题 2**　常开触头和常闭触头有什么区别？各自的作用是什么？

常开触头是指当线圈未通电时，触头处于断开状态，线圈通电后处于闭合状态；常闭触头是指当线圈未通电时，触头处于闭合状态，线圈通电后处于断开状态。常开触头一般用于形成自锁，常闭触头一般用于形成互锁。

☑ **思考题 3**　选择导线时，应该注意哪些问题？

负载大小、导线横截面积、环境条件、安全性标准、导线长度、导线颜色等。

2. 电气元器件选型、检查与安装

（1）交流接触器选型

图 2-12 为交流接触器型号标注位置，每个接触器均有标注。常见的有 CJX 系列、NSFC 系列、NSFMR 系列等，在此对 CJX 系列接触器型号进行介绍，其他型号需查阅相关手册。

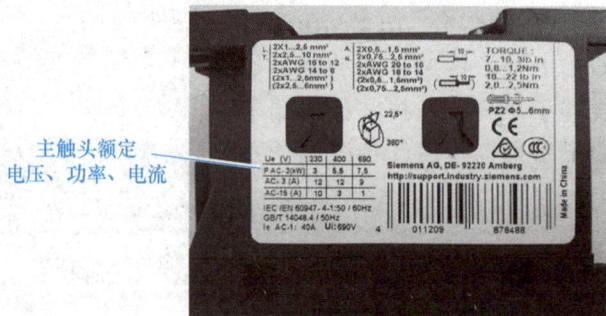

主触头额定
电压、功率、电流

图 2-12　交流接触器型号标注位置

CJX 系列型号格式：

<u>　①　</u>　<u>　②　</u>　<u>　③　</u>　<u>　④　</u>－<u>　⑤　</u>

其中，①代表接触器类型；②代表交直流；③代表接触器大小；④代表设计序号；⑤代表额定电流。

例如：CJX1-140。型号含义：C 代表接触器；J 代表交流；X 代表小型；1 代表设计序号；140 代表额定电流为 140A。

选择原则：

1）根据电路中负载电流的种类选择接触器类型。交流负载应选用交流接触器，直流负载应选用直流接触器。

2）接触器额定电压 U_e 应大于或等于主电路负载工作电压，额定电流 I_e 应大于或等于负载工作电流。

3）线圈的额定电压与频率要与所在控制电路的电压和频率一致。

4）接触器触头数量和种类应满足主电路和控制电路要求。

（2）交流接触器检查

交流接触器检查分为外观检查、导通性检查、使用性检查三部分。通过观察外观确定交流接触器是否损坏；通过万用表检查交流接触器进线口和出线口之间是否正常导通；通过螺钉旋具确定螺钉是否正常，用螺钉旋具按压衔铁，确定是否能正常移动。检查结束后，需要填写交流接触器检查表，见表 2-1。

表 2-1　交流接触器检查表

检查任务	检查工具	检查方法	检查结果
外观检查	肉眼	观察交流接触器表面，是否存在裂缝、破损、缺少零件等情况，如果出现上述问题，说明交流接触器可能已经损坏	
导通性检查	万用表	档位调整至蜂鸣器档，将衔铁压下，然后按照"一进一出"原则，用红黑表笔分别接触交流接触器电器上对应的进线口和出线口（如主触头 L1 和 T1、L2 和 T2 等），看蜂鸣器是否发出响声，如果发出响声，说明导通性良好；如果不发出响声，说明不导通	
使用性检查	螺钉旋具	用螺钉旋具挨个拧压接线螺钉，观察是否可以正常拧动，如果可以正常拧动，说明交流接触器使用性良好；如果不能正常拧动，说明螺钉和旋钮存在问题。用螺钉旋具按压衔铁，确定是否能正常移动	

（3）交流接触器安装

交流接触器后方有相应安装卡扣，安装时，利用接触器后方卡扣直接卡在电气导轨上，如图 2-13 所示。拆卸时，需将卡扣外拉，使卡扣与电气导轨分离，即可取下继电器。

图 2-13　交流接触器安装

（4）按钮选型

图 2-14 为按钮型号标注位置，每个按钮均有标注，常见的有 LA 系列、HBM 系列、XB 系列，在此对 LA 系列按钮型号进行介绍，其他型号需查阅相关手册。

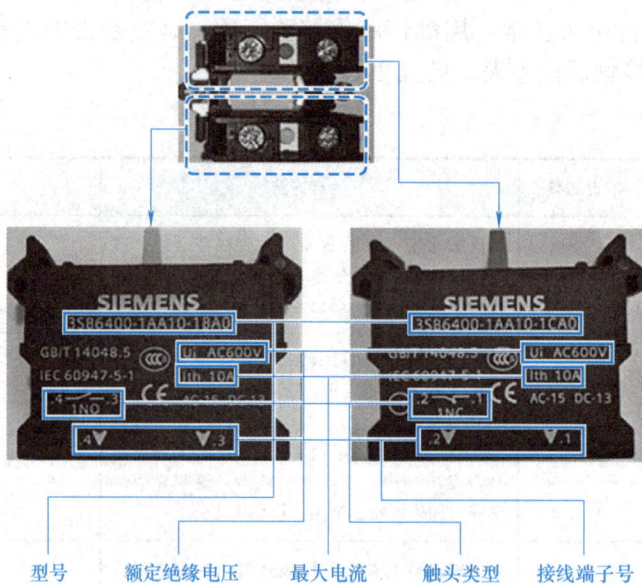

型号　　额定绝缘电压　　最大电流　　触头类型　　接线端子号

图 2-14　按钮型号标注位置

LA 系列型号格式：

$$LA\ \underline{①} - \underline{②}\ \ \underline{③}\ \ \underline{④}$$

其中，L 代表主令电器；A 代表按钮；①代表设计序号；②代表常开触头数；③代表常闭触头数；④代表结构形式，常见的有 K—开启式、J—紧急式、H—保护式、Y—保护式、S—防水式、X—旋钮式等。

按钮选择原则：

1）根据使用场合和具体的用途选择按钮的种类、电气规格。

2）根据工作状态指示和工作情况要求选择按钮的颜色。例如：用于表示"起动"或"通电"，通常用绿色；表示"停止"，通常用红色。

3）根据控制电路的要求选择触头的类型及数量。

（5）按钮检查

按钮检查分为外观检查、导通性检查、使用性检查三部分。通过观察外观确定按钮是否存在损坏；通过万用表检查按钮常开触头和常闭触头之间是否正常导通；通过螺钉旋具确定螺钉是否正常；通过按压按钮确定按钮是否可以正常下压并回弹。检查结束后，填写按钮检查表，见表2-2。

表 2-2　按钮检查表

检查任务	检查工具	检查方法	检查结果
外观检查	肉眼	观察按钮表面，是否存在裂缝、破损、缺少零件等情况，如果出现上述问题，说明按钮可能已经损坏	
导通性检查	万用表	档位调整至蜂鸣器档，按下按钮，按照"一进一出"原则，用红黑表笔分别接触按钮上的常开触头接口金属，看蜂鸣器是否发出响声，如果发出响声，说明导通性良好；如果不发出响声，说明不导通。松开按钮，用相同的方法测试常闭触头是否导通	
使用性检查	螺钉旋具	用螺钉旋具挨个拧压线螺钉，观察是否可以正常拧动，用手按动按钮，观察触头是否可以正常闭合和断开，如果螺钉可以正常拧动且按钮可以正常按下，说明按钮使用性良好；如果不能正常拧动，说明按钮存在问题	

（6）按钮的安装

按钮安装有两种方式，一种按钮带有相应安装卡扣，安装时，利用按钮卡扣直接卡在电气导轨上，如图2-15所示；拆卸时，需将卡扣外拉，使卡扣与电气导轨分离，即可取下按钮。另一种方式是拧紧按钮两侧的螺钉进行安装，如图2-16所示。

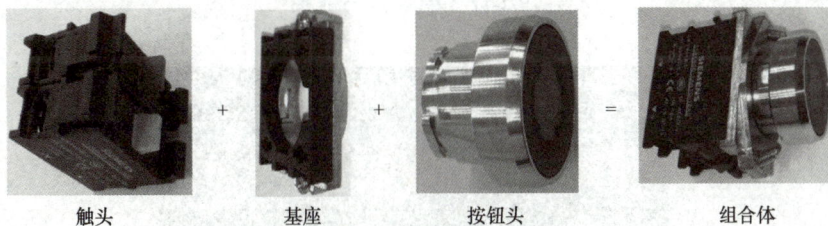

触头　　　　　　　基座　　　　　　　按钮头　　　　　　　组合体

图 2-15　按钮安装（一）

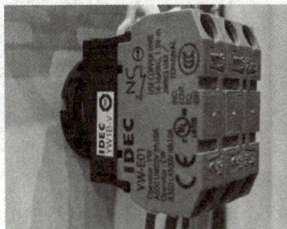

图 2-16　按钮安装（二）

（7）导线选型原则

1）导线的额定电压≥线路额定电压。

2）导线的额定电流≥线路额定电流。

3）导线的额定功率满足电路使用要求。

4）导线颜色：一般红色为相线，蓝色为中性线，黄绿为地线。

（8）导线检查

导线检查表见表2-3。

表2-3　导线检查表

检查任务	检查工具	检查方法	检查结果
外观检查	肉眼	观察导线表面，是否存在破损情况，如果出现上述问题，说明导线可能已经损坏	
导通性检查	万用表	档位调整至蜂鸣器档，按照"一进一出"原则，红黑表笔分别接触导线的两端，看蜂鸣器是否发出响声，如果发出响声，说明导通性良好；如果不发出响声，说明不导通	

（9）导线连接

将导线用剥线钳剥去绝缘层，将导线金属部分压上端子，再用螺钉将端子压紧即可。图2-17为导线与端子连接，图2-18为导线与设备连接。

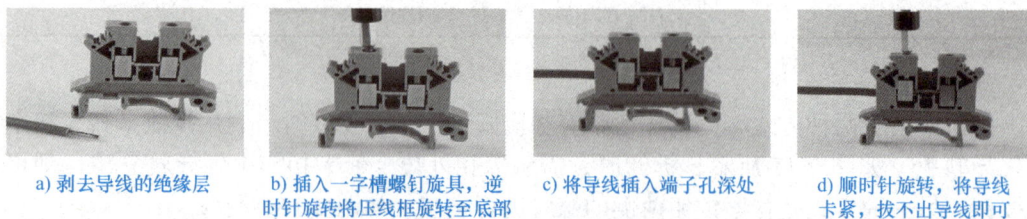

a) 剥去导线的绝缘层　　b) 插入一字槽螺钉旋具，逆　　c) 将导线插入端子孔深处　　d) 顺时针旋转，将导线
　　　　　　　　　　　时针旋转将压线框旋转至底部　　　　　　　　　　　　　　　卡紧，拔不出导线即可

图2-17　导线与端子连接

图2-18　导线与设备连接

（10）端子排安装

图2-19所示为端子排安装，各部分名称在图中均有标注。

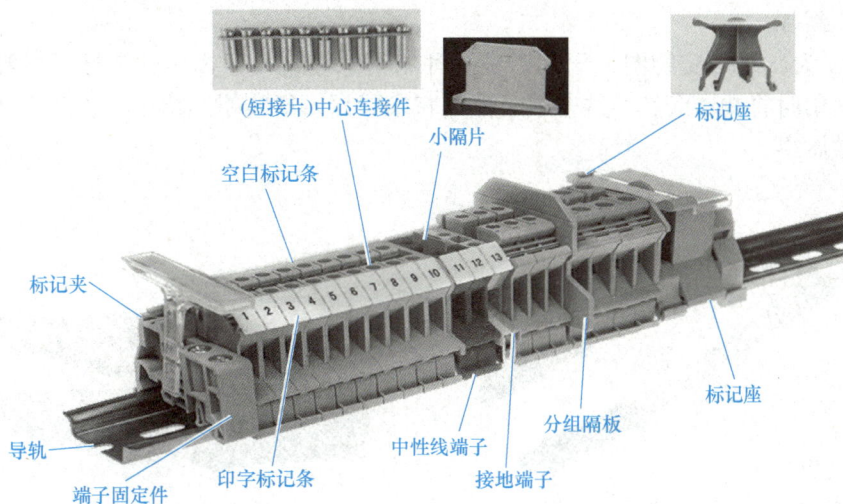

图 2-19 端子排安装

☑ **思考题 4** 导线与端子连接时需要注意哪些问题？

①确定合适的端子类型；②注意端子与导线压牢；③注意加强防护。

☑ **思考题 5** 导线与电气设备连接时需要注意哪些问题？

①选择合适的导线；②接线位置一定要准确；③接线一定要牢固；④必须接地。

3. 认识常见电工工具

（1）验电笔

图 2-20 为验电笔实物图，主要由金属触头、氖管、降压电阻和笔帽等组成。验电笔主要用来判断电路中的中性线和相线，也可以用来判断电气设备是否存在漏电现象。如图 2-21 所示，在使用时，将笔尖金属部分插入待测元器件，大拇指和中指夹住绝缘外壳，食指按住笔尾金属部分，如果氖管发光，说明被测对象有电。使用时，严禁用身体接触验电笔的金属部分。

图 2-20 验电笔实物图

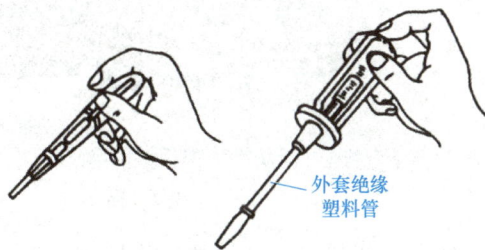

外套绝缘塑料管

图 2-21 验电笔正确使用方法

（2）断线钳

图 2-22 为断线钳实物图，断线钳是一种用来剪断电线的工具。一般有绝缘柄断线钳和铁柄断线钳两种。其中，电工常使用绝缘柄断线钳，可用于低压电气设备的电线带电作业。断线钳通常用于剪断电线、电缆。使用时，将电线或电缆卡在凹槽里剪断即可。

（3）压线钳

图 2-23 为压线钳实物图，压线钳是一种用于电线与端子连接的工具，一般均带有绝缘手柄，使用时将端子套在导线末端，然后将端子深入压线钳凹槽中，压动手柄，将端子与导线紧紧压牢。

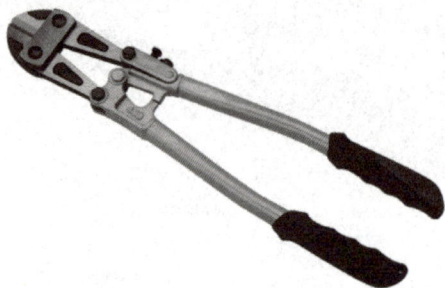

图 2-22　断线钳实物图　　　　　　图 2-23　压线钳实物图

4. 三相异步电动机的构造、工作原理及接线方法

（1）三相异步电动机的构造

如图 2-24 所示，三相异步电动机主要由两部分组成：定子部分和转子部分。定子是电动机的固定部分，与地面连接，主要由定子铁心、定子绕组和机座组成。当给定子绕组通入三相交流电以后，会在定子绕组内容产生旋转磁场。转子根据结构不同，分为笼型转子和绕线转子，笼型转子绕组做成鼠笼状，在转子铁心的槽中放置铜条或铝条，两端用端环连接。绕线转子绕组是三相绕组，可以采用星形（Y）联结或三角形（△）联结，转子绕组的三条引线分别接到三个集电环上，用一套电刷装置引出来，这就可以把静止的外接电路连接到转子绕组回路中，实现外电路对电动机的控制作用。

图 2-24　三相异步电动机构造

（2）三相异步电动机的工作原理

在定子放置彼此相差 120° 的三组绕组，将三组绕组按星形或三角形接好，然后将三组绕组与对称三相交流电源接好，当对称三相交流电流流进三组绕组时，三组绕组会产生旋转磁场，根据电磁感应原理，处于此旋转磁场中的转子上的各导体会产生感应电动势，进而产生感应电流，磁场对有电流流过的导体产生力的作用，推动各导体按一定的方向运动，从而推动转子运转。由于转子转速总是低于旋转磁场转速，故得名"异步"。三相异

步电动机旋转原理如图 2-25 所示。

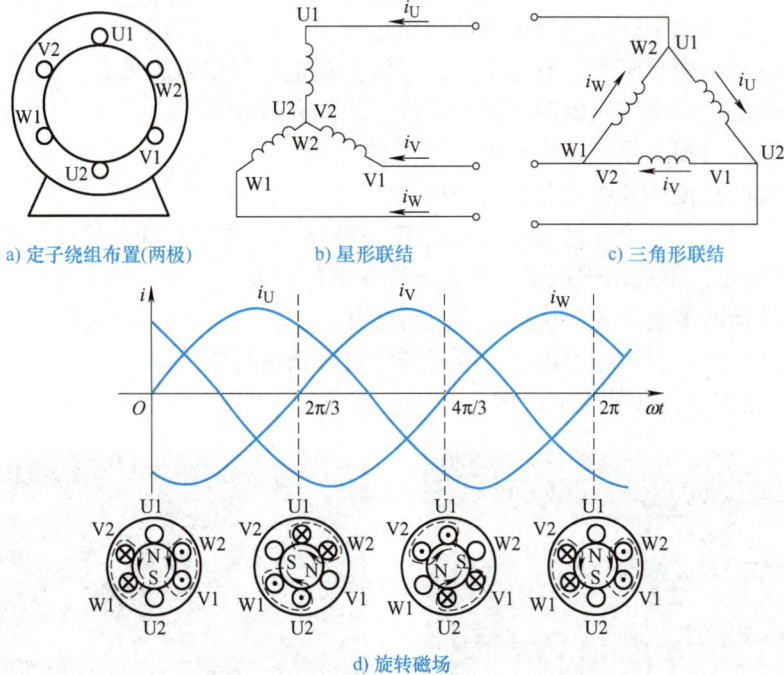

a) 定子绕组布置(两极)　　　　b) 星形联结　　　　c) 三角形联结

d) 旋转磁场

图 2-25　三相异步电动机旋转原理

（3）三相异步电动机的接线方法

如图 2-26 和图 2-27 所示，三相异步电动机定子有三相绕组，每相绕组两个接线端子，即共有 6 个接线端子，三相分别为 U 相、V 相、W 相，六个接线端子的编号为 U1、U2、V1、V2、W1、W2。把 U2、V2、W2 接到一起，U1、V1、W1 分别接电源的三相电，则为星形联结；把 U1 和 W2、W1 和 V2、V1 和 U2 分别连接，即 U、V、W 三相顺次相连，引出的三个端子分别接三相电源，则为三角形联结。

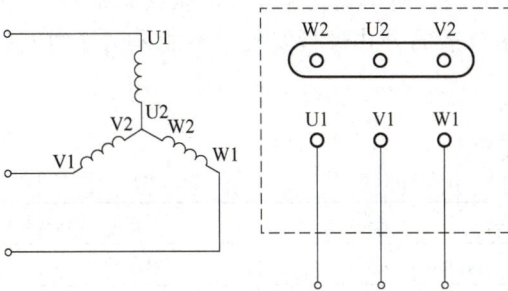

图 2-26　三相异步电动机星形联结　　　　图 2-27　三相异步电动机三角形联结

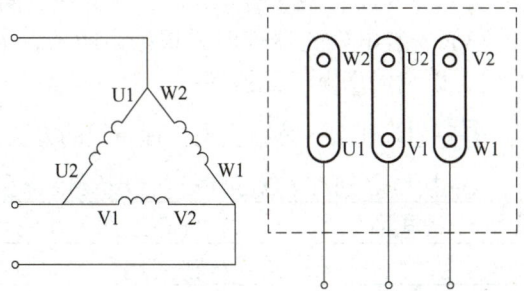

5. 电路布线工艺要求

布线是电工实训过程中非常重要的环节，合理正确的布线工艺一方面可以节省导线用量和空间，另一方面，当电路出现故障时能够快速查找故障点，如图 2-28 和 2-29 所示，分别是布线整齐和布线混乱的现场，其中，图 2-28 布线节省清晰，方便后期维修；

图 2-29 占用大空间，且不利于后期维修。此外，布线还应该遵循以下原则：

1）导线必须进线槽，不能出现交叉和缠绕的情况。

2）导线与接线端子连接时导体不能露出过长。

3）导线应做到横平竖直，分布均匀，导线变换走向时要做到垂直。

4）布线时必须严格按照电路图进行布线，不能私自改动。

5）所有导线两端必须安装线号管。

6）布线时严禁损伤导线线芯和绝缘皮。

7）一般情况下，一个接线端子只能连接一根导线，如果有特殊情况，可连接多根导线，但是必须压紧，不能出现压不牢导致导线脱落的情况。

8）同一线槽的多条导线应用捆扎带进行捆扎。

9）电气元器件上引入或引出的导线必须经过线槽进行连接。

10）接线完成后，必须盖上线槽盖。

图 2-28　布线整齐现场

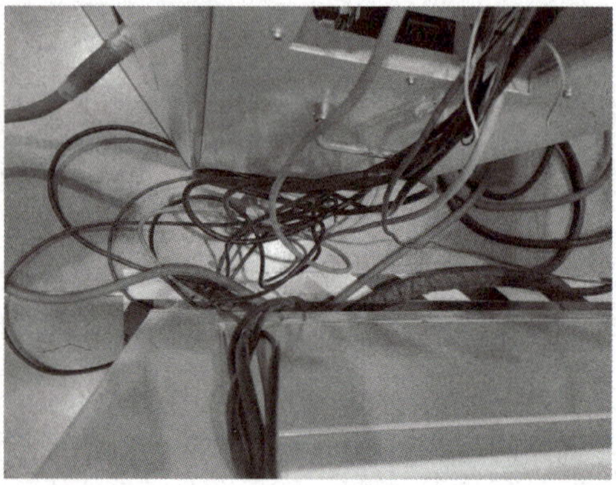

图 2-29　布线混乱现场

6. 电气元器件安装工艺要求

1）电气元器件必须按照电路图逻辑进行安装。

2）各电气元器件的安装位置应齐整、间距合理，便于电气元器件的接线和维修。

3）安装电气元器件时要根据说明书，采用合适的方式进行安装。不能采用暴力安装方式，以免损伤电气元器件。

☑ 思考题 6　总结实现合理布线的方法。

① 接线之前先看电路图，合理安排每个电气元器件安装位置和接线位置；②每根导线均按照电路图接线，每根导线按照要求套线号管；③接线端必须压牢，不能出现接线松动或者虚接的情况；④导线接完以后，要对已完成的导线进固定，同一个线槽的导线用扎带绑扎，不同回路走同一位置的导线也用扎带绑扎。

7. 复杂电路图的绘制

1）复杂电路图一般分主电路和辅助电路两部分。绘制时，电路导线要求用实线画成水平线和垂直线，三相交流电源 L1、L2、L3 自上而下依次画出并进行标注，三根相线下方分别是中线 N 和保护地线 PE。

2）主电路是指连接电源和主要电气设备的电路，主要由断路器、熔断器、接触器的主触头、热继电器的主触头以及电动机等电气元器件组成。主电路的通过电流是电动机的工作电流，主电路画在电路图的左侧。

3）辅助电路主要包括控制电路、指示电路、照明电路等。辅助电路的通过电流较小。控制电路一般指控制主电路的工作状态的电路，主要由电气元器件的主触头、接触器线圈及辅助触头、继电器线圈及辅助触头、指示灯和照明灯等组成。在画电路图时，控制电路要接在两相线或者一条相线和中性线之间，一般按照控制电路、指示电路和照明电路的顺序依次排列主电路图的右侧。

4）电路图中，各电路的触头位置都按电路未通电或电器未受外力作用时的常态位置画出。分析原理时，应从触头的常态位置进行分析。

5）电路图中，不要画出各电气元器件实际的外形图，必须采用国家统一规定的电气符号进行绘制，并按照国家标准对所有电气符号进行标注。

6）电路图中，若相同的电气元器件较多时，需要在相同的电气符号后面加注不同的的数字，以示区分，如 KM1、KM2、SB1、SB2 等。

7）画电路图时，应尽可能避免和减少线条交叉。对存在关联的交叉导线连接点，用小黑点表示；无关联的交叉导线则不画小黑点。

8）电路图采用电路编号法，即对电路中的各个节点用字母或数字编号。比如主电路中电源开关的出线端按相序依次编号为 U11、V11、W11 等，单台三相异步电动机的三根引出线按相序依次编号为 U、V、W。

8. 复杂电路图的阅读

（1）整体阅读

首先了解电路图的组成和作用，分清主电路和控制电路。其次，按照先看主电路、再看控制电路的顺序进行读图。分析主电路时，通常从电源开始，即先从电源输入端开始，顺次往下，逐一进行分析。通过分析主电路，搞清各电气元器件之间的连接关系。看控制电路时，自上而下、从左至右看，依次阅读，分析各支路电气元器件的作用和连接逻辑。同时，还要了解控制电路和主电路之间的控制关系，进而搞清楚整个电路的功能和控制模式。

（2）主电路阅读

1）明确主电路中电气元器件的类别、数量、连接关系及布局位置等。

2）明确主电路中各电气元器件的作用。

3）明确主电路中哪些电气元器件起到保护电路作用，如断路器、热继电器、熔断器等元器件的数量及位置。

（3）控制电路阅读

1）根据具体的控制要求，逐一分析控制电路中的电气元器件种类、数量、位置和连接方式，每个电气元器件的功能是什么，如何实现控制功能。

2）分析完控制电路后，可分析照明、指示等其他辅助电路的组成、作用和连接方式。

3）最后，将主电路、控制电路和其他辅助电路结合起来，进行整体分析。

📋 **思考题 7**　如何快速提高读图和绘图水平？

① 多认识电气元器件和电气符号；②熟悉电气元器件的内部结构和工作原理；③多画多练。

9. 三相异步电动机点动控制电路分析

从图 2-30 中可以看出，点动控制电路由断路器 QF，熔断器 FU1、FU2，热继电器 FR，起动按钮 SB，交流接触器 KM 及电动机 M 组成。其中三相交流电接入断路器 QF，断路器 QF 作为电源的隔离开关。熔断器 FU1 和 FU2 用作主电路和控制电路的短路保护，热继电器 FR 用作电路的过载保护，起动按钮 SB 控制交流接触器 KM 的线圈得电与失电，继电器 KM 的主触头控制电动机 M 的起动与停止。

当电动机 M 需要点动时，先闭合断路器 QF，将三相交流电接入电路中。按下起动按钮 SB，继电器 KM 的线圈得电，产生磁力，将衔铁吸合，同时带动继电器 KM 的三对主触头闭合，电动机 M 接通电源起动运转。当电动机需要停转时，只要松开起动按钮 SB，使继电器 KM 线圈失电，磁力消失，衔铁在复位弹簧作用下复位，带动继电器 KM 的三对主触头断开，电动机 M 失电停转。

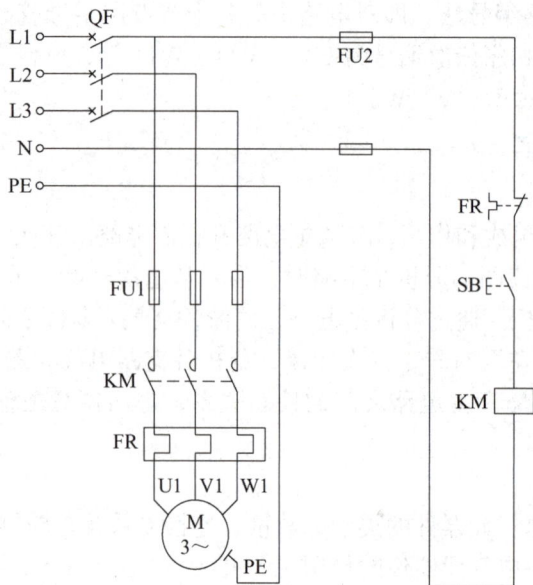

图 2-30　三相异步电动机点动控制电路

📋 **思考题 8**　三相异步电动机接线时应该注意哪些问题？

① 电动机的额定电压必须与电源电压相同；②电动机的额定功率必须小于或等于电源的额定功率；③导线应根据电动机额定功率和电缆长度选择合适的线径；④三相电源线的三根导线应分别连接到电动机的三个端子上，不能错位。

❖❖ 五、任务实施

1. 准备工作

进行操作前，领取安全帽、绝缘服、绝缘鞋、绝缘手套，每人一套，按照表2-4和表2-5要求进行准备。

表2-4 电工工具清单

序号	工具名称	单位	数量	备注
1	万用表	个	1	
2	剥线钳	个	1	
3	验电笔	个	1	
4	断线钳	个	1	
5	十字槽螺钉旋具	把	1	
6	一字槽螺钉旋具	把	1	
7	工具箱	套	1	
8	压线钳	把	1	

表2-5 电气元器件清单

序号	工具名称	单位	数量	符号	备注
1	断路器	个	1	QF	
2	熔断器	个	2	FU1、FU2	
3	按钮	个	1	SB	
4	交流接触器	个	1	KM	
5	热继电器	个	1	FR	
6	三相异步电动机	个	1	M	

2. 实操练习

（1）电动机点动控制电路接线

1）写出控制要求：

电路分主电路和控制电路，主电路和控制电路均要设置过载保护和短路保护，主电路连接三相异步电动机，控制电路连接按钮和交流接触器，按钮控制电动机的起动和停止，按钮按下电动机起动，按钮松开电动机停止。

2）按照控制要求，绘制电路图，如图2-30所示。

3）请按照控制要求，选择合适的电气元器件并说明理由：

① 断路器：一般选择断路器额定电流大于等于 1.5～2.5 倍电动机额定电流，电动机额定电流为15.8A，因此选择断路器型号为正泰DZ47-60C，额定电流40A，额定电压400V，满足使用要求。

②交流接触器：一般选择交流接触器额定电流大于等于2倍电动机额定电流，电动机额定电流为15.8A，因此选择交流接触器型号为德力西CJX2-3210，额定电流32A，额定电压380V，满足使用要求。

③热继电器：选择热继电器可调整定电流大于等于1.2倍电动机额定电流，电动机额定电流为15.8A，因此选择热继电器型号为正泰JR36-20，整定电流范围14～22A，满足使用要求。

④按钮：选择正泰LA38控制按钮，该按钮适用于交流50/60Hz、额定电压至380V的电路，满足使用要求。

⑤熔断器：一般选择熔断器额定电流大于等于1.5～2.5倍电动机额定电流，电动机额定电流为15.8A，因此选择熔断器型号为正泰RT28-32熔体和RT28N-32X底座，额定电流32A，满足使用要求。

注意事项：

①操作之前，需要穿戴好防护用品，确保工作台安全不带电，电气元器件和电工工具准备齐全。

②按照要求绘制电路图，熟悉各电气元器件之前逻辑关系与布线方法。

③按照电路图进行实物接线，使电路正常运行。

④实操结束后，将电气元器件和电工工具按照要求放好，确保数量和种类齐全。

⑤按时归还防护用品、电工工具及电气元器件。

（2）电动机电路故障检测及排除

1）肉眼观察，检查每个电气元器件表面是否存在破损、裂缝等明显问题，如果有的话，更换损坏的电气元器件。

2）根据之前的万用表使用方法，结合电路图，利用两个表笔对整个电动机电路的所有电气元器件进行导通性检查。

3）对照电路图（图2-30），对电动机主电路和控制电路的接线逻辑进行检查，按照"一进一出"原则，检查是否存在导线接错位置的问题。

4）针对电动机电路的每个接线端是否存在接触不良进行检查，方法是用手轻轻拽导线，看看是否容易拽掉，如果容易拽掉，则说明接线不牢，需要重新将导线拧紧。

5）完成电动机电路所有故障排除，并根据实际情况填写表2-6。

表2-6　电路故障检查表

序号	电气元器件导通性	检查结果	接线端松紧	检查结果	接线逻辑	检查结果
1	断路器 QF		断路器进线端和出线端		对照电路图检查接线位置是否正确	
2	熔断器 FU1、FU2		熔断器进线端和出线端		对照电路图检查接线位置是否正确	
3	交流接触器 KM		交流接触器进线端和出线端		对照电路图检查接线位置是否正确	
4	热继电器 FR		热继电器进线端和出线端		对照电路图检查接线位置是否正确	
5	按钮 SB		按钮进线端和出线端		对照电路图检查接线位置是否正确	

◆ 六、任务考核

任务考核标准见表2-7。

表2-7 任务考核标准

考核任务	考核要求	配分	评分标准	扣分	得分
认识电气元器件	1.能认知交流接触器、按钮等常见电气元器件 2.熟悉常见电气元器件作用	15	1.不认识交流接触器、按钮等电气元器件,扣2分/个 2.不熟悉交流接触器、按钮等电气元器件作用,扣2分/个		
电工工具使用	掌握断线钳、压线钳等基本电工工具使用方法	10	1.断线钳、压线钳等使用不熟练,扣1分/次 2.损坏电工工具,扣1分/次		
接线操作和排故操作	1.掌握接线操作方法 2.掌握排故方法	50	1.电气元器件选用不当,扣2分/处 2.接线松动,扣1分/处 3.接线错误,扣2分/处 4.电路不能正常运行,扣5分/处 5.不能正确排除故障,扣2分/处		
课堂实训情况	态度认真、虚心好学、埋头苦干	5	做与课堂无关的事情,扣1分/次		
自觉遵守安全文明生产规程	规范着装,安全文明操作,无事故和事故苗子	5	1.违反安全生产规程,视情节扣1~5分 2.违反文明操作规程(工具、器材的摆放不规范,不清理现场),扣1~5分 3.着装不规范,扣1分/次		
团队协作情况	具有良好的团队合作精神,热心帮助小组其他成员	5	不团结同学讨论疑难问题,扣1分/次		
现场管理情况	能够按照6S管理正确管理现场	5	未按照6S管理整理现场,扣1分/处		
学习纪律出勤情况	遵守上下班制度,无迟到、早退、请假	5	迟到、早退、请假,扣1分/次		

◆ 七、任务总结

填写任务总结反馈表,见表2-8。

表2-8 任务总结反馈表

实训存在问题	具体原因	改进措施

任务三
三相异步电动机连续运行电路的连接与排故

◆ 一、任务描述

现有一三相异步电动机要完成正转起动和停止控制，额定电压为380V，额定电流为5.7A，额定转速为935r/min，额定功率为3kW，按照要求绘制电路图，选择电气元器件，完成电路接线，使电路正常运行，并完成电路故障检测及排除。

◆ 二、任务要求

1）电动机正转起动及停止电路接线。
2）电动机连续运行电路故障检测及排除。

◆ 三、学习工匠精神

2023年庆祝"五一"国际劳动节暨全国五一劳动奖和全国工人先锋号表彰大会在北京人民大会堂举行。首钢水城钢铁（集团）有限责任公司铁焦事业部铁电车间电工、电气工程师、电气高级技师付雷荣获全国五一劳动奖章。多年来，付雷作为电气专业技术骨干，长期扎根在高炉电气维护检修的生产一线。从业以来，他先后荣获贵州省"最美劳动者"、贵州省有色冶金工会"产业工匠"、贵州省第四届"贵州工匠"荣誉称号、贵州省"五一劳动奖章"等荣誉称号。

了解付雷的领导说，他耐得住寂寞，爱钻研；跟付雷朝夕相处的同事说他没啥意思，除了学习还是学习……从技术工人到技术工匠，扎根电气检修一线的二十余年来，付雷从没有停下学习钻研的脚步。2005年，水钢启动二烧筹建工作，刚上班两年的付雷被派往昆钢交流学习，身为电工的付雷被昆钢先进的电气自动化技术所触动。他暗下决心，一定要下苦功掌握先进技术，为公司自动化建设尽力。为此，从昆钢学习回来后，他将全部业余时间用在了学习电气技术上。"在电气技术的这座迷宫里，我像一个痴迷的游客，被深深吸引，走过了一程又一程。"付雷说。

多年来，凭借着丰厚的理论基础，付雷冲锋在前，勇挑重担，带领团队攻克了一个又一个难关，为高炉的长期稳顺奠定了坚实的基础。2021年1月，水钢3高炉上料系统异常，电子秤显示出现负数，造成原料的大量消耗、炉况不稳、恢复时间过长等严重后果。为解决这一问题，付雷经查阅大量资料，对照高炉运行参数，反复琢磨和钻研，制定并实施一系列措施后，迅速恢复上料系统，保证了 3 高炉炉况稳定。

知识的积累和丰富的一线工作经验，让付雷成为解决现场问题的专家。不仅如此，工作中，他还特别注重用"匠人心"做好"传帮带"。因为有梦想，才奋斗不息；因为有希望，才追求不止。作为一名普普通通的电工，付雷扎根岗位，情倾一线，时而扮演一名医生，为电气设备"把脉问诊""做手术"，时而又扮演一名老师，为企业培养优秀人才，时而又扮演一名创新创造发起者，为设备改造献计献策。他用自己平凡的坚守，在基层最一线，一步一个脚印地传承和弘扬了劳模精神、劳动精神、工匠精神。

（摘自中工网）

💡 思考：大家从付雷身上学习到了什么？

_____

_____

_____

_____

◈ 四、相关知识

1. 认识常见电气元器件

（1）热继电器

图 3-1 是热继电器实物图，热继电器的工作原理是：电流存在热效应，流入热继电器产生热量，不同膨胀系数的双金属片会产生形变，当温度过高导致双金属片变形达到一定程度时，就会推动连杆动作，使电路断开，实现电动机的过载保护。热继电器作为过载保护元器件，本身具有体积小、结构简单、成本低等优点，在电气控制中得到了广泛的应用，结构如图 3-2 所示。接线方法是：主电路接入热元件，控制电路接入辅助触头，通过电流整定旋钮设定动作电流，其电气符号如图 3-3 所示。

（2）中间继电器

图 3-4 是中间继电器实物图，中间继电器通常用来传递信号和同时控制多个电路，也可用来直接控制小容量电动机或其他电气执行元器件，结构如图 3-5 所示。其工作原理是：电路接通电源后，中间继电器内部铁心会产生磁力，与衔铁吸合在一起，使得中间继电器的常闭触头断开，常开触头闭合；当电路切断了电源以后，其内部反作用弹簧会发挥作用，使得常开触头和常闭触头复位。与交流接触器的主要区别是，中间继电器一般没有主触头，由于自身的过载能力不大，因此自身所配置的触头全部都是辅助触头，并且数量多。中间继电器的触头一般只能通过较小的电流，所以中间继电器一般只能用于控制电路中，不能用于主电路。在选用中间继电器时，主要考虑电压等级和触头数目。接线方法可参考交流接触器，中间继电器电气符号如图 3-6 所示。

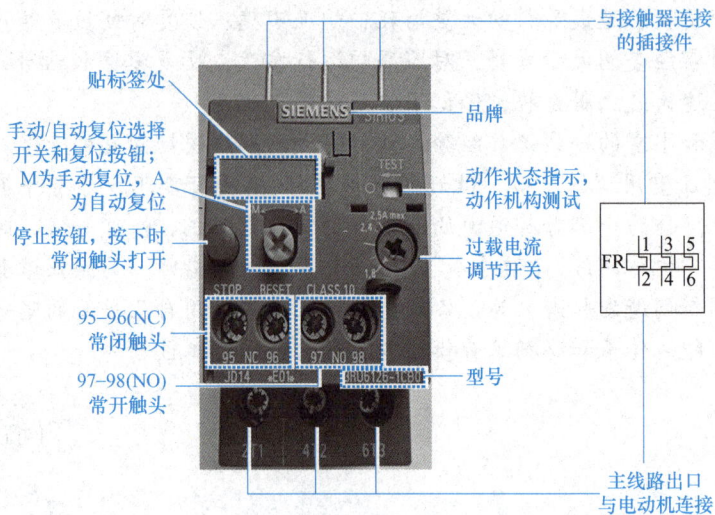

与接触器连接的插接件

贴标签处

品牌

手动/自动复位选择开关和复位按钮；M为手动复位，A为自动复位

动作状态指示，动作机构测试

停止按钮，按下时常闭触头打开

过载电流调节开关

95-96(NC)常闭触头

97-98(NO)常开触头

型号

主线路出口与电动机连接

图 3-1　热继电器实物图

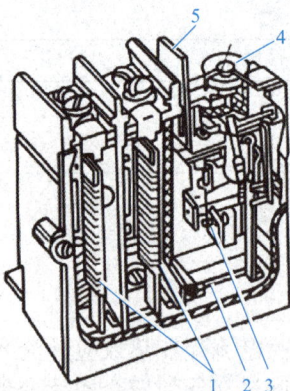

图 3-2　热继电器结构

1—热元件　2—传动机构　3—常闭触头
4—电流整定按钮　5—复位按钮

a) 热元件　　b) 辅助常闭触头　　c) 辅助常开触头

图 3-3　热继电器电气符号

图 3-4　中间继电器实物图

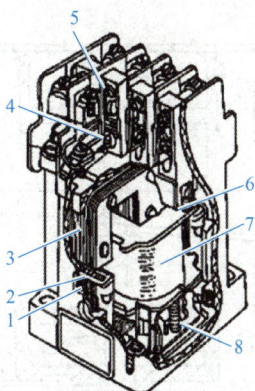

图 3-5 中间继电器结构

a) 线圈 b) 常开触头 c) 常闭触头

图 3-6 中间继电器电气符号

1—静铁心 2—短路环 3—衔铁 4—常开触头
5—常闭触头 6—反作用弹簧 7—线圈 8—缓冲弹簧

（3）时间继电器

图 3-7 是时间继电器实物图，结构如图 3-8 所示。分通电延时和断电延时两种类型，两种类型的时间继电器均包含瞬时触头和延时触头，其中瞬时常开触头是指线圈得电就闭合的触头；瞬时常闭触头是指线圈得电就断开的触头；延时闭合的常开触头是指当线圈得电后，经过设定时间后再闭合的触头；延时断开的常闭触头是指当线圈得电后，经过设定时间后再断开的触头；延时断开的常开触头是指线圈失电后，经过设定时间后，才断开的触头；延时闭合的常闭触头是指线圈失电后，经过设定时间后，才闭合的触头。通电延时型是指当线圈通电以后，过一段时间延时触头才动作；断电延时型是指当线圈断电以后，过一段时间延时触头才动作。

图 3-7 时间继电器实物图

以通电延时型为例，其工作原理是：当线圈通电时，铁心产生磁力，衔铁在铁心的磁力吸引下吸合，使瞬时常开触头接通、瞬时常闭触头断开。由于活塞杆的下端连着橡皮膜，导致活塞杆和杠杆不能跟着衔铁一起运动。当活塞杆在反力弹簧的作用下开始向上运动时，橡皮膜向上，下面空气室的空气变得稀薄，导致活塞杆受到阻尼作用上升速度变慢。经过一定时间，活塞杆上升到一定位置，通过杠杆推动延时触头动作，使延时断开的常闭触头断开，延时闭合的常开触头闭合，这段时间是继电器的延时时间。当断电后，时间继电器在反力弹簧的作用下复原。时间继电器只能承受低电压和低电流，一般用于控制电路，不能用于主电路，用来接通或切断高电压、大电流的电路。时间继电器电气符号如图 3-9 所示。

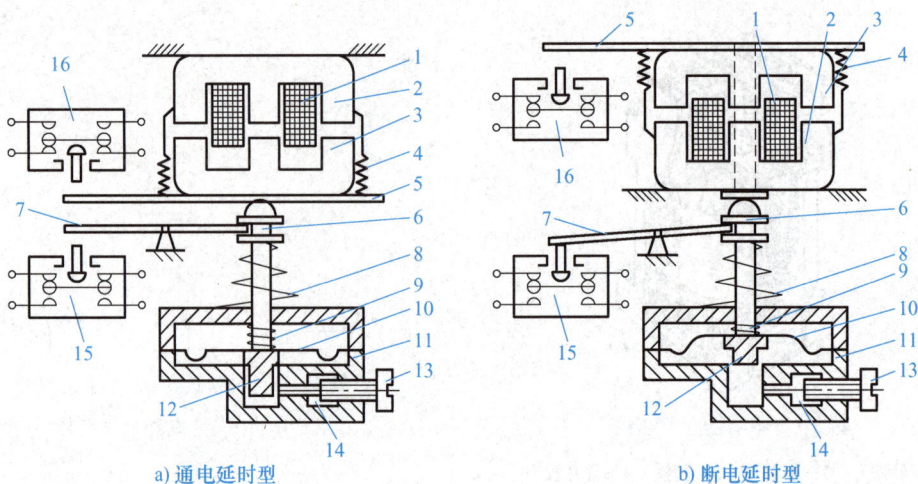

a) 通电延时型　　　　　b) 断电延时型

图 3-8　时间继电器结构

1—线圈　2—铁心　3—衔铁　4—反力弹簧　5—推板　6—活塞杆　7—杠杆　8—塔形弹簧　9—弱弹簧
10—橡皮膜　11—空气室壁　12—活塞　13—调节螺杆　14—进气孔　15、16—微动开关

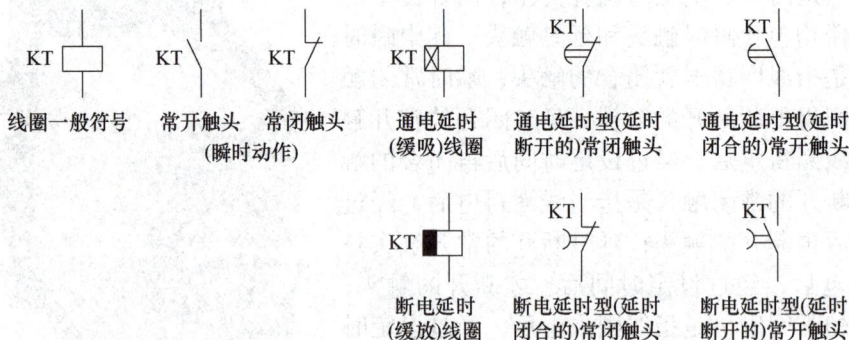

图 3-9　时间继电器电气符号

图 3-10 为通电延时型时间继电器接线，其中 2、7 接电源，1、3、4 为一组，1、4 为延时闭合的常闭触头，1、3 为延时断开的常开触头；5、6、8 为一组，其中 8、5 为延时断开的常闭触头，8、6 为延时闭合的常开触头，两组触头相互独立，功能相同，可根据需要进行选择和接线。如图 3-11 和图 3-12 所示，时间继电器分前后两部分，前半部分用于设置延时时间，通过旋转图 3-7 的时间设置盘，将设置盘上的红线对准需要设置的具体时间，对延时时间进行设置；后半部分进行接线，接线方法跟熔断器相同，通过螺钉压紧导线金属部分，然后将后半部分插到前半部分上即可。

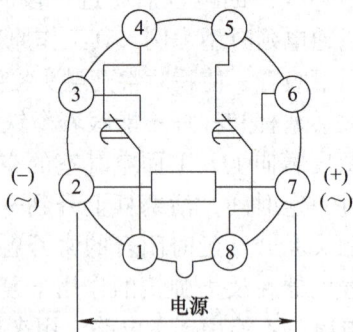

图 3-10　通电延时型时间继电器接线

图 3-11　时间继电器前半部分

图 3-12　时间继电器后半部分

☑ **思考题 1**　热继电器、时间继电器和中间继电器的区别是什么？

热继电器的作用是电路的热保护，时间继电器的作用是实现触头的延时接通与闭合，中间继电器的作用是触头换接。此外，时间继电器和中间继电器接在控制电路中，而热继电器在主电路和控制电路都要接入。

2. 认识常见电工工具

（1）电工刀

图 3-13 为电工刀实物图，电工刀是电工常用的一种切割工具，由刀片、刀把、刀挂等构成。刀片根部与刀柄相接，不用时，把刀片收缩到刀把内；使用时，将刀片从刀把中取出，便可完成导线的切割操作。电工刀具有结构简单、使用方便、成本低廉的特点，因此应用广泛。

（2）记号笔

图 3-14 为记号笔实物图，可在多种材料上书写作记号。记号笔分为油性记号笔和水性记号笔。水性记号笔可以在物体表面或白板上写字，可以轻易擦掉，油性记号笔作的记号不易擦除。

图 3-13　电工刀实物图

（3）活动扳手

图 3-15 为活动扳手实物图，简称活扳手，其开口大小可在一定范围内调节，主要用于紧固和拧松不同规格的螺母和螺栓。

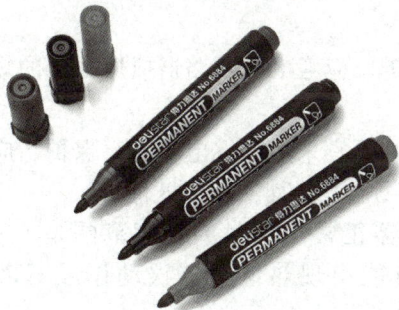

图 3-14　记号笔实物图

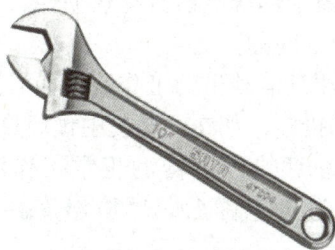

图 3-15　活动扳手实物图

3. 电气元器件选型、检查与安装

（1）热继电器选型

图 3-16 为热继电器型号标注位置，常见有 JR 系列、NR 系列、T 系列等，在此对 JR 系列型号进行介绍，其他型号需查阅相关手册。

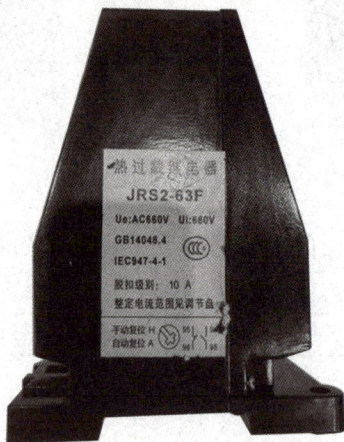

图 3-16　热继电器型号标注位置

JR 系列型号格式：

$$JR-\underline{①}-\underline{②}/\underline{③}\quad\underline{④}$$

其中，J 代表继电器；R 代表热；①代表设计序号；②代表额定电流；③代表极数；④代表断相保护。

选择原则：

热继电器的选择主要以电动机的额定电流为依据，同时也要考虑到电动机的负载、动作特性和工作环境等因素。具体选型时应考虑以下几点：

1）原则上热继电器额定电流按照电动机额定电流的 90% ～ 110% 选择，并要校验动作特性。但是要注意电动机的绝缘材料等级，不同的绝缘材料有不同的允许温度和过载能力。

2）要保证热继电器在电动机的正常起动过程中不会误动作。如果电动机起动不频繁，且起动时间又不长，一般可按电动机的额定电流选择热继电器，按照起动时间长短确定脱扣等级；如果起动时间超长，则不宜采用热继电器，应选用电子过电流继电器产品。

3）由于热继电器具有热惯性，不能做短路保护，应考虑与断路器或熔断器的短路保护相配合的问题。

4）注意电动机的工作制，如果操作频率高，则不宜采用热继电器进行保护，应采取其他保护措施，如在电动机中预埋热电阻、热电偶测温，进而实现温度保护。

5）注意热继电器的正常工作温度，热继电器正常工作时的温度范围是（-15 ～ 55℃），超出范围后，环境温度补偿失效，有可能出现热继电器误动作或不动作的现象。

6）热继电器安装时端子接线要牢靠，导线截面的选型要在额定电流范围内，否则导线的温升会提高双金属片的温度，造成热继电器的误动作。

（2）热继电器检查

热继电器检查分为外观检查、导通性检查、使用性检查三部分。通过观察外观，确定继电器是否存在损坏；通过万用表检查继电器进线口和出线口之间是否正常导通；通过螺钉旋具，确定螺钉是否正常，用螺钉旋具拧电流调节旋钮，确定是否能正常使用，检查结束后，填写热继电器检查表，见表 3-1。

表 3-1　热继电器检查表

检查任务	检查工具	检查方法	检查结果
外观检查	肉眼	观察热继电器表面，是否存在裂缝、破损、缺少零件等情况，如果出现上述问题，说明热继电器可能已经损坏	
导通性检查	万用表	档位调至蜂鸣器档，按照"一进一出"原则，红黑表笔分别接触热继电器上对应的进线口和出线口（如主触头 L1 和 T1、L2 和 T2 等），看蜂鸣器是否发出响声，如果发出响声，说明导通性良好；如果不发出响声，说明不导通	
使用性检查	螺钉旋具	用螺钉旋具挨个拧压线螺钉和电流调节旋钮，观察是否可以正常拧动，如果可以正常拧动，说明热继电器使用性良好；如果不能正常拧动，说明螺钉和旋钮存在问题	

（3）热继电器安装

热继电器安装方分为三种，分别是直接安装在电路中、安装在交流接触器上和安装在断路器上，本书主要学习将热继电器直接接入电路中，此时，需要利用螺钉将热继电器固定在接线板上，然后按照前述接线方法将热继电器接入主电路和控制电路。图 3-17 为热继电器直接安装在电路中。

图 3-17　热继电器的安装

（4）中间继电器选型

图 3-18 为中间继电器型号标注位置，常见的有 JZ 系列、RG-D 系列、CR-MX 系列等，在此对 JZ 系列型号进行介绍，其他型号需查阅相关手册。

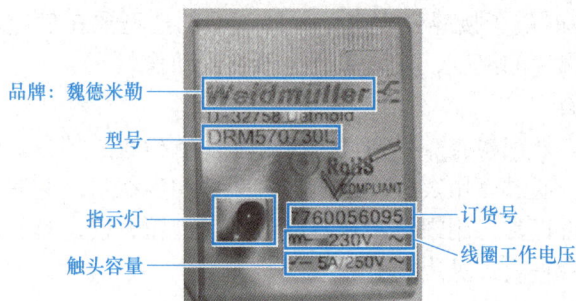

品牌：魏德米勒
型号
指示灯
触头容量
订货号
线圈工作电压

图 3-18　中间继电器型号标注位置

JZ 系列型号格式：

$$\text{JZ} \underline{\quad ① \quad} - \underline{\quad ② \quad} \quad \underline{\quad ③ \quad}$$

其中，J 代表继电器；Z 代表中间；①代表设计序号；②代表常闭触头数量；③代表常开触头数量。

选择原则：

1）中间继电器所有触头的额定电压及额定电流应大于控制电路的额定电压及工作电流。

2）中间继电器触头的种类和数目应满足控制电路的需要。

3）中间继电器线圈的电压等级应与控制电路电源电压等级相同。

4）中间继电器的通断特性必须与控制电路相匹配。

5）根据电路实际工作环境选择合适的中间继电器。

6）选择中间继电器需要考虑使用寿命。

（5）中间继电器检查

中间继电器检查分为外观检查、导通性检查、使用性检查三部分。通过观察外观确定继电器是否存在损坏；通过万用表检查继电器进线口和出线口之间是否导通；通过螺钉旋具确定螺钉是否正常，用螺钉旋具按压衔铁，确定是否能正常移动。检查结束后，填写中间继电器检查表，见表 3-2。

表 3-2　中间继电器检查表

检查任务	检查工具	检查方法	检查结果
外观检查	肉眼	观察中间继电器表面，是否存在裂缝、破损、缺少零件等情况，如果出现上述问题，说明中间继电器可能已经损坏	
导通性检查	万用表	档位调整至蜂鸣器档，按照"一进一出"原则，红黑表笔分别接触中间继电器上对应的进线口和出线口（如触头 NO1 和 NO2、NC1 和 NC2 等），看蜂鸣器是否发出响声，如果发出响声，说明导通性良好；如果不发出响声，说明不导通	
使用性检查	螺钉旋具	用螺钉旋具挨个拧压线螺钉，观察是否可以正常拧动，如果可以正常拧动，说明中间继电器使用性良好；如果不能正常拧动，说明螺钉存在问题	

（6）中间继电器安装

中间继电器安装方法与熔断器类似，利用中间继电器底座后面的卡扣将继电器卡在电气导轨上，如图 3-19 所示，其区别在于，中间继电器属于可拆结构，继电器头部和底座可拆分。

图 3-19　中间继电器安装

（7）时间继电器选型

图 3-20 为时间继电器型号标注位置，常见的有 JSZ 系列、ST3P 系列、JSA 系列等，在此对 JSZ 系列型号进行介绍，其他型号需查阅相关手册。

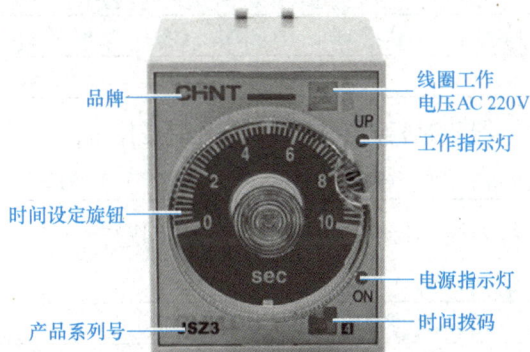

图 3-20　时间继电器型号标注位置

JSZ 系列型号格式：

$$\text{JSZ} \underline{\quad①\quad} \ \underline{\quad②\quad} - \underline{\quad③\quad}$$

其中，J 代表继电器；S 代表时间；Z 代表综合式；①代表设计序号；②代表类型；③代表延时范围代号。

选择原则：

1）根据系统的延时范围和精度选择时间继电器的类型和系列。

2）根据控制电路的要求选择时间继电器的延时方式。

3）根据控制电路电压选择时间继电器吸引线圈的电压。

（8）时间继电器检查

时间继电器检查分为外观检查、导通性检查、使用性检查三部分。通过观察外观，确定继电器是否存在损坏；通过万用表检查继电器进线口和出线口之间是否正常导通；通过螺钉旋具，确定螺钉是否正常，检查结束，填写时间继电器检查表，见表 3-3。

表 3-3　时间继电器检查表

检查任务	检查工具	检查方法	检查结果
外观检查	肉眼	观察时间继电器表面，是否存在裂缝、破损、缺少零件等情况，如果出现上述问题，说明时间继电器可能已经损坏	
导通性检查	万用表	档位调整至蜂鸣器档，按照"一进一出"原则，红黑表笔分别接触时间继电器上对应的进线口和出线口（如触头 NO1 和 NO2、NC1 和 NC2 等），看蜂鸣器是否发出响声，如果发出响声，说明导通性良好；如果不发出响声，说明不导通	
使用性检查	螺钉旋具	用螺钉旋具挨个拧压线螺钉，观察是否可以正常拧动，如果可以正常拧动，说明时间继电器使用性良好；如果不能正常拧动，说明螺钉存在问题	

（9）时间继电器安装

时间继电器通过螺钉固定在控制柜上。

☑ **思考题 2**　热继电器、时间继电器和中间继电器在使用时，应该注意哪些问题？

热继电器使用时，应该注意主触头和辅助触头不要接反；时间继电器使用时，应注意一定按照原理图进行接线，不要接错；中间继电器使用时，注意其允许的最大电压和电流。

☑ **思考题 3**　热继电器和时间继电器的应用区别是什么？

热继电器用于对电机进行过载保护，时间继电器用于控制触头打开和闭合时间。

☑ **思考题 4**　在进行导线连接时，应该注意哪些问题？

1）导线导体表面应清洁。

2）导线的材料和特点应符合使用要求。

3）连接时应注意接触面是否有杂物。

4）导体应压紧，以确保牢固可靠，防止脱落。

5）避免接头位置位于在潮湿、受水等影响的地方。

4. 三相异步电动机连续运行电路分析

三相异步电动机连续运行电路如图 3-21 所示，该电路中包括三相电源 L1、L2、L3，负责给电路供电。断路器 QF 负责控制电路是否得电。熔断器 FU1 和 FU2 分别负责主电路和控制电路的短路保护。热继电器 FR 负责主电路和控制电路的过载保护。按钮 SB1 和 SB2 分别负责电动机的起动和停止。交流接触器 KM 负责用小电流控制大电流，保持电动机的持续运行。此外还有三相异步电动机，属于被控对象，三相异步电动机在安装时，需要进行接地保护。

当要求电动机正转时，按下正转起动按钮 SB1，KM 线圈得电并自锁（即通过交流接触器自身的辅助常开触头使线圈总是处于得电状态），此时即使松开按钮 SB1，也可确保 KM 连续得电，同时 KM 的主触头闭合接通主电路，使电动机正转。当要求电动机停止时，按下停止按钮 SB2，切断 KM 线圈支路，使 KM 线圈失电，主触头断开，辅助常开触头也断开，电动机失电停止。

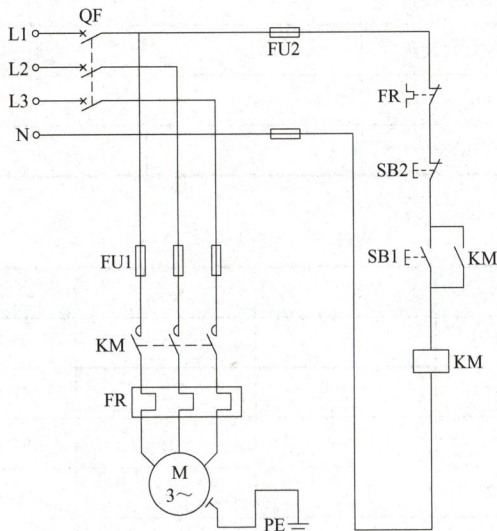

图 3-21　三相异步电动机连续运行电路

☑ **思考题 5**　如果三相异步电动机不能正常运转，可能存在的问题有哪些？

主电路与电动机绕组接错，控制电路接错，电气元器件损坏，导线损坏，接线不牢靠，电动机损坏等。

☑ **思考题 6**　如果三相异步电动机运行过程中出现异常，应该如何处理？

首先立刻关闭断路器，然后根据故障现象，利用万用表进行故障排除，找到故障点和故障原因，排除故障。

◆ 五、任务实施

1. 准备工作

进行操作前，领取安全帽、绝缘服、绝缘鞋、绝缘手套等防护用品，每人一套，按照表 3-4 和表 3-5 中的数量要求进行准备。

表 3-4　电工工具清单

序号	工具名称	单位	数量	备注
1	万用表	个	1	
2	剥线钳	个	1	

（续）

序号	工具名称	单位	数量	备注
3	验电笔	个	1	
4	断线钳	个	1	
5	十字槽螺钉旋具	把	1	
6	一字槽螺钉旋具	把	1	
7	工具箱	套	1	
8	压线钳	把	1	

表 3-5　电气元器件清单

序号	工具名称	单位	数量	符号	备注
1	断路器	个	1	QF	
2	熔断器	个	2	FU1、FU2	
3	按钮	个	2	SB1、SB2	
4	交流接触器	个	1	KM	
5	热继电器	个	1	FR	
6	三相异步电动机	个	1	M	

2. 实操练习

（1）电动机连续运行电路接线

1）请写出控制要求：

电路分为主电路和控制电路，主电路和控制电路均要设置过载保护和短路保护，主电路连接三相异步电动机，控制电路连接按钮和交流接触器，两个按钮分别控制电动机的起动和停止，控制电路要有自锁功能。

2）按照控制要求，绘制电路图，如图 3-21 所示。

3）按照控制要求，选择合适的电气元器件并说明理由：

① 断路器：一般选择断路器额定电流大于等于 1.5 ～ 2.5 倍电动机额定电流，电动机额定电流为 5.7A，因此选择断路器型号为正泰 DZ47-60C，额定电流 16A，额定电压 400V，满足使用要求。

② 交流接触器：一般选择交流接触器额定电流大于等于 2 倍电动机额定电流，电动机额定电流为 5.7A，因此选择交流接触器型号为德力西 CJX2-1210，额定电流 12A，额定电压 380V，满足使用要求。

③ 热继电器：选择热继电器可调整定电流大于等于 1.2 倍电动机额定电流，电动机额定电流为 5.7A，因此选择热继电器型号为正泰 JR36-20，电流调节范围为 4.5 ～ 7.2A，额定电压 380V，满足使用要求。

④按钮：根据电动机的额定电流和额定电压，选择正泰 LA38 控制按钮，该按钮适用于交流 50/60Hz、额定电压至 380V 的电路，满足使用要求。

⑤熔断器：一般选择熔断器额定电流大于等于 1.5 ~ 2.5 倍电动机额定电流，电动机额定电流为 5.7A，因此选择熔断器型号为正泰 RT28-32 熔体和 RT28N-32X 底座，额定电流 16A，额定电压 380V，满足使用要求。

注意事项：

①操作之前，需要穿戴好防护用品，确保工作台安全不带电，电气元器件和电工工具准备齐全。

②按照要求绘制电路图，熟悉各电气元器件之前逻辑关系与布线方法。

③按照电路图进行实物接线，使电路正常运行。

④实操结束后，将电气元器件和电工工具按照要求放好，确保数量和种类齐全。

⑤按时归还防护用品、电工工具及电气元器件。

（2）电动机电路故障检测及排除

1）肉眼观察，检查每个电气元器件表面是否存在破损、裂缝等明显问题，如果有的话，更换损坏的电气元器件。

2）根据之前的万用表使用方法，结合电路图，利用两个表笔对电路的所有电气元器件进行导通性检查。

3）对照电路图（图 3-21），对电动机主电路和控制电路的接线逻辑进行检查，按照"一进一出"原则，检查是否存在导线接错位置的问题。

4）针对电动机电路的每个接线端是否存在接触不良进行检查，方法是用手轻轻拽导线，看看是否容易拽掉，如果容易拽掉，则说明接线不牢，需要重新将导线拧紧。

5）完成电动机电路所有故障排除，并根据实际情况填写表 3-6。

表 3-6　电路故障检查表

序号	电气元器件导通性	检查结果	接线端松紧	检查结果	接线逻辑	检查结果
1	断路器 QF		断路器进线端和出线端		对照电路图检查接线位置是否正确	
2	熔断器 FU1、FU2		熔断器进线端和出线端		对照电路图检查接线位置是否正确	
3	交流接触器 KM		交流接触器进线端和出线端		对照电路图检查接线位置是否正确	
4	热继电器 FR		热继电器进线端和出线端		对照电路图检查接线位置是否正确	
5	按钮 SB1、SB2		按钮进线端和出线端		对照电路图检查接线位置是否正确	

◆ 六、任务考核

任务考核标准见表 3-7。

表 3-7　任务考核标准

考核任务	考核要求	配分	评分标准	扣分	得分
认识电气元器件	1.能认知中间继电器、时间继电器、热继电器等电气元器件 2.熟悉熔断器、断路器等电气元器件的作用	15	1.不认识中间继电器、时间继电器、热继电器等电气元器件,扣2分/个 2.不熟悉中间继电器、时间继电器、热继电器等电气元器件作用,扣2分/个		
电工工具使用	掌握记号笔、电工刀、活动扳手等基本电工工具使用方法	10	1.记号笔、电工刀、活动扳手等工具使用不熟练,扣1分/次 2.损坏电工工具,扣1分/次		
接线操作和排故操作	1.掌握接线操作方法 2.掌握排故方法	50	1.电气元器件选用不当,扣2分/处 2.接线松动,扣1分/处 3.接线错误,扣2分/处 4.电路不能正常运行,扣5分/处 5.不能正确排除故障,扣2分/处		
课堂实训情况	态度认真、虚心好学、埋头苦干	5	做与课堂无关的事情,扣1分/次		
自觉遵守安全文明生产规程	规范着装,安全文明操作,无事故和事故苗子	5	1.违反安全生产规程,视情节扣1~5分 2.违反文明操作规程(工具、器材的摆放不规范,不清理现场),扣1~5分 3.着装不规范,扣1分/次		
团队协作情况	具有良好的团队合作精神,热心帮助小组其他成员	5	不团结同学讨论疑难问题,扣1分/次		
现场管理情况	能够按照6S管理正确管理现场	5	未按照6S管理整理现场,扣1分/处		
学习纪律出勤情况	遵守上下班制度,无迟到、早退、请假	5	迟到、早退、请假,扣1分/次		

◇◆ 七、任务总结

填写任务总结反馈表,见表 3-8。

表 3-8　任务总结反馈表

实训存在问题	具体原因	改进措施

任务四

三相异步电动机正反转起动电路的连接与排故

◆ 一、任务描述

现有一三相异步电动机要完成正反转起动和停止控制，额定功率为 0.75kW，额定电压为 380V，额定电流为 2.1A，额定转速为 1390r/min，按下正转起动按钮，电动机正转运行；按下反转起动按钮，电动机反转运行；按下停止按钮，电动机停止运行。请按照要求绘制电路图，选择电气元器件，完成电路接线，使电路正常运行，并完成电路故障检测及排除。

◆ 二、任务要求

1）电动机正反转起动电路接线。
2）电动机正反转起动电路故障检测及排除。

◆ 三、学习工匠精神

一副白框眼镜，一头利落的短发，伴随着谦和的笑容，初见国网河南省电力公司南阳供电公司经济技术研究所电网规划专责郭雪丽，一副标准的学者形象，但其实她是一位已在生产一线扎根二十余年的电力"追光者"。

无数次深入工作现场，跳进电缆沟、钻进配电柜，出来一身汗一身泥。"工作就像一扇神奇的门，一走进去，便会发现无穷的宝藏。"郭雪丽这样形容。

从配网设计到配电运行与维护，再到配网建设和电网规划工作，从事电力工作二十余年，郭雪丽从一名普通的基层女工，成长为南阳供电系统唯一一名女性正高级工程师。从青春年少到两鬓染霜，郭雪丽始终迸发着旺盛的工作激情，像海绵一样，疯狂吸收着专业知识和现场经验，在创新创效的土地上，守护着万家灯火。1998 年，郭雪丽从郑州电专毕业后，进入原南阳市电业局（现国网南阳供电公司）工作。一年后，郭雪丽正式成为一名配电女工。

自此，郭雪丽开始在各种配电设备中不停地忙碌着，她常常穿着带油渍的工作服，背着工具包，从一个变电站奔赴下一个变电站。"我这人好奇心重，遇到问题就爱钻研。"

一次偶然的机会，郭雪丽看到作业班组抢修时携带着各种操作工具，她开始思考如何才能减轻工人负担。

白天，她奔波在不同的班组，反复询问师傅，不断调整试验，晚上细细查阅资料，钻研一个又一个技术点。多少次失败让她崩溃，多少次她又勇敢站立，经过她的不懈努力，最终研制出螺纹连接式多功能操作杆，并且不断改进，通过在杆头加照明灯、加解冻吹风机的方法，解决了跌落保险在夜间或冬季的操作难题。

敢啃硬骨头的郭雪丽，也先后荣获全国五一巾帼标兵、河南省五一劳动奖章、南阳市经济技术创新能手等荣誉称号。

（摘自中工网）

💡 思考：是什么支撑郭雪丽获得今天的成就？

_____

_____

_____

_____

◆ 四、相关知识

1. 认识常见电气元器件

（1）行程开关

图 4-1 为行程开关实物图，行程开关又称限位开关，是一种受到机械运动部件撞击从而切换电路工作状态的电气元器件，结构如图 4-2 所示。行程开关的工作原理与按钮相似，区别在于，按钮是操作者进行操作，而行程开关是通过机械运动部件的撞击力操作。行程开关结构简单、使用方便、成本低、反应迅速，在电气自动化领域得到广泛应用。使用时，根据控制要求，先将行程开关安装在设备的某个位置上，当机械运动部件在运动过程中撞上行程开关时，触发内部触头动作，实现电路状态的切换。接线时，需要先用螺钉旋具打开外部保护盒，然后根据需要，将导线接到常开或常闭触头上，再将保护盒拧紧即可。行程开关电气符号如图 4-3 所示。

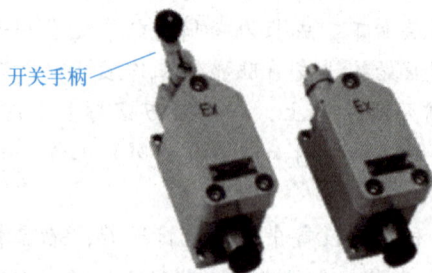

开关手柄

图 4-1　行程开关实物图

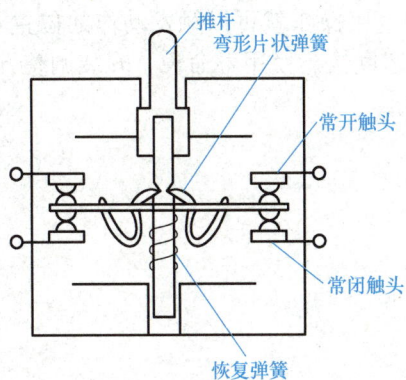

图 4-2 行程开关结构

a) 常开触头　b) 常闭触头　c) 复合触头

图 4-3 行程开关电气符号

（2）转换开关

图 4-4 为转换开关实物图，转换开关是以转换手柄来控制触头通断的一种电气元器件。结构如图 4-5 所示。转换开关的结构形式分为单极结构和多极结构。单极转换开关只有通断两种状态，而多极转换开关有多个档位可切换。通过调整不同的档位，可以切换不同的电路模式，从而实现不同的控制功能。其外形结构与按钮类似，二者的区别在于，当转换开关拧到某个档位后，不会自动复位，因此不需要进行自锁。转换开关电气符号如图 4-6 所示。

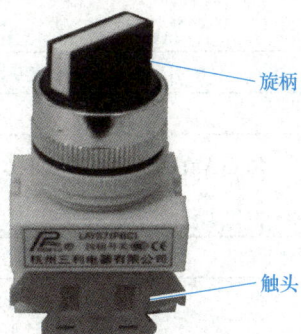

图 4-4 转换开关实物图

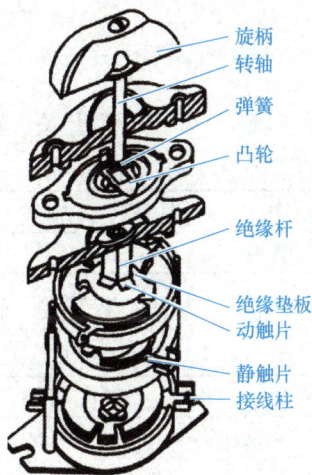

图 4-5 转换开关结构

a) 单极　　　　b) 三极

图 4-6 转换开关电气符号

（3）接近开关

图 4-7 为接近开关实物图，接近开关又叫无触头接近开关，是常用传感器之一，接近

开关内部电路如图 4-8 所示。它是一种无需操作者直接操作就可以触发动作的位置开关，一般用于行程控制和位置控制，具有精度高、反应速度快、使用寿命长、安装调整方便以及价格低廉等特点。接近开关电气符号如图 4-9 所示。

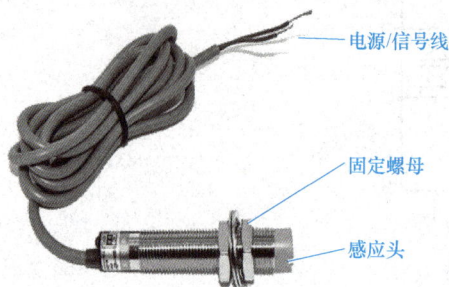

图 4-7　接近开关实物图

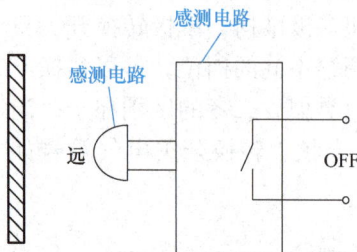

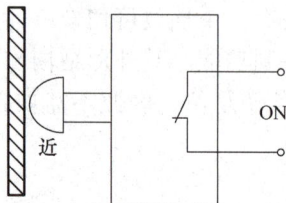

图 4-8　接近开关内部电路原理

图 4-9　接近开关电气符号

📝 **思考题 1**　对比行程开关、转换开关和接近开关，写出三种开关的不同点。

行程开关是通过机械运动部件接触而进行电路状态转换的开关；转换开关是通过操作人员直接操作进行电路状态转换的开关；接近开关是当物体靠近开关一定距离时，进行电路状态转换的开关。

📝 **思考题 2**　对比行程开关、转换开关和接近开关，各自的应用场合分别是什么？

行程开关一般用于防止机械运动部件超程，起到保护的作用；转换开关一般用于操作人员手动控制电路状态；接近开关一般用于非接触式通断电路。

2. 认识常见电工工具

（1）套筒扳手

图 4-10 为套筒扳手实物图，由多个带六角孔的套筒并配有手柄、接杆等多种附件组成，用于拧紧或拧松六角头螺栓或六角螺母。使用时，将六角孔套在螺栓或螺母上，然后转动手柄拧紧或拧松即可。

（2）钳形电流表

图 4-11 为钳形电流表实物图，钳形电流表（简称钳表）的工作原理是电流互感器。捏紧侧面扳手时，钳口张开，被测导线可以在不切断的情况下穿过张开的缺口，当放开扳手后，钳口闭合，此时可以测量导线通过电流的大小。在使用过程中，应当注意以下几点：

图 4-10　套筒扳手实物图

图 4-11　钳形电流表实物图

1）测量前，应初步估计电流大小，选择合适的量程。禁止用小量程档位去测量大电流，同时，必须确认测量旋钮开关在正确档位。

2）测量时，每次只能测量一根导线，被测导线应放在钳口内的中心位置，以免出现较大的误差。必须用手端平表身，尽可能不让导线接触钳口和表身。

3）测量过程中如出现噪声，可能是钳口与导线接触不良，可将钳口重新开合一次，再进行测量。

4）刚测量时，仪表读数可能不稳定，务必等数值稳定后再读数。

（3）相序检测仪

图 4-12 为相序检测仪实物图，主要检测 500V 以下和 3kV 及以上三相电压的相序，即检测三相电源 L1、L2、L3 的相序。该仪器由显示仪和测量笔组成，测量时，将检测仪的三个表笔分别接入三相电源，按下测量按钮开始测量，测量过程中指示灯会显示相序状态，如果相序指示灯按顺时针方向依次亮起，并发出短鸣声，表示所测相序为正相序；如果指示灯按逆时针方向亮起，并发出长鸣声，则表示所测相序为逆相序。同时，应该注意，对于 1 ～ 10kV 的高电压检测，需要使用特殊的连接线和绝缘管。操作前需确保连接线通畅，电阻良好，并在操作时保持安全距离，避免人体接触检测仪和连接线。

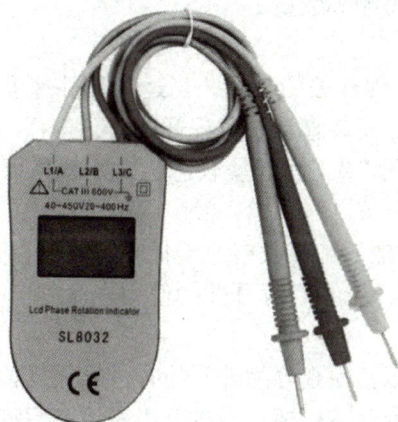

图 4-12　相序检测仪实物图

📋 **思考题3** 钳形电流表和相序检测仪分别用在哪些场合？

钳形电流表主要用于测量未断开导线中的电流，相序检测仪主要用于测量三相电源的相序。

3. 电气元器件选型、检查与安装

（1）行程开关选型

图 4-13 为行程开关型号标注位置，常见的有 JLXK 系列、JW2 系列、YNTH 系列、LX 系列，在此对 JLXK 系列型号进行介绍，其他型号需查阅相关手册。

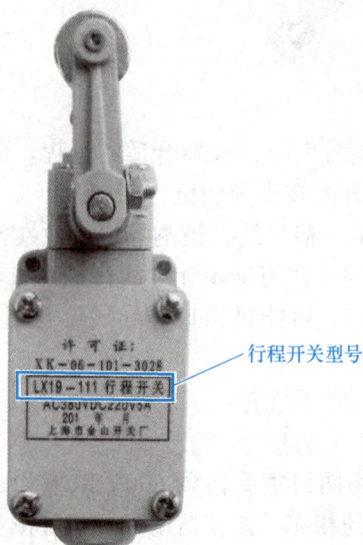

图 4-13　行程开关型号标注位置

JLXK 系列型号格式：

$$JLXK \underline{①} - \underline{②} \quad \underline{③} \quad \underline{④}$$

其中，JLX 代表行程开关；K 代表快速；①代表设计序号；②传动装置代号；③代表常开触头数量；④代表常闭触头数量。

选择原则：

1）根据实际需求确定行程开关的类型。当运动部件速度较慢时，一般选择普通的行程开关；当机械运动路径不能安装直动式行程开关时，选择凸轮轴转动式行程开关。

2）根据使用环境条件，如果工作环境较恶劣，则选择保护式行程开关，如果工作环境良好，则选择开启式行程开关。

3）根据控制电路的最大电压和最大电流选择合适的行程开关。

4）根据通断的频繁程度，选择行程开关的使用寿命。

（2）行程开关检查

行程开关跟按钮结构相似，检查分为外观检查、导通性检查、使用性检查三部分。通过观察外观确定行程开关是否存在损坏；通过万用表检查行程开关进线口和出线口之间是否正常导通；通过螺钉旋具确定螺钉是否正常，用手左右按压手柄，确定手柄是否能正常

移动。检查结束后，填写行程开关检查表，见表 4-1。

表 4-1　行程开关检查表

检查任务	检查工具	检查方法	检查结果
外观检查	肉眼	观察行程开关表面，是否存在裂缝、破损、缺少零件等情况，如果出现上述问题，说明行程开关可能已经损坏	
导通性检查	万用表	档位调整至蜂鸣器档，压下行程开关，按照"一进一出"原则，用红黑表笔分别接触行程开关上对应的进线口和出线口，看蜂鸣器是否发出响声，如果发出响声，说明导通性良好；如果不发出响声，说明不导通	
使用性检查	螺钉旋具	用螺钉旋具挨个拧压线螺钉，观察是否可以正常拧动，如果可以正常拧动，说明行程开关使用性良好；如果不能正常拧动，说明螺钉存在问题	

（3）行程开关安装

图 4-14 所示为行程开关的安装，利用螺钉将行程开关固定在导轨相应位置上。

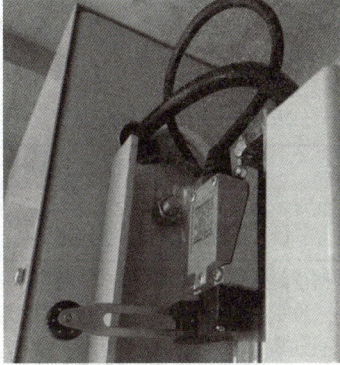

图 4-14　行程开关安装

（4）转换开关选型

图 4-15 所示为转换开关型号标注位置，常见的有 HZ 系列、CK 系列，由于型号较多，在此对 HZ 系列型号进行介绍，其他型号需查阅相关手册。

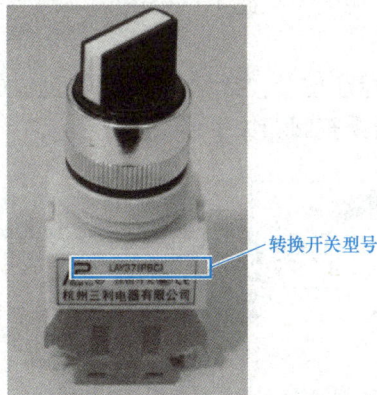

图 4-15　转换开关型号标注位置

HZ 系列型号格式：

$$HZ\underline{\quad①\quad}-\underline{\quad②\quad}\quad\underline{\quad③\quad}/\underline{\quad④\quad}$$

其中，HZ 代表转换开关；①代表设计序号；②代表额定电流；③代表开关专门用途代号；④代表极数。

选择原则：

1）按额定电压和额定电流选用合适的转换开关。

2）按操作需要，选择手柄形式和定位特征。

3）按用途选择是主令控制用还是控制电动机用。

4）转换开关的触头和操纵位置较多，触头开闭和操纵位置之间的对应关系常用操作图来表示，有些转换开关是按标准操作图制造的，选用时应注意核对。当标准操作图不能满足要求时，可设计新的操作图进行改装。

（5）转换开关检查

转换开关跟按钮结构相似，检查分为外观检查、导通性检查、使用性检查三部分。通过观察外观，确定转换开关是否存在损坏；通过万用表检查转换开关进线口和出线口之间是否正常导通；通过螺钉旋具确定螺钉是否正常，用手左右拧手柄，确定手柄是否能正常转动。检查结束后，填写转换开关检查表，见表 4-2。

表 4-2　转换开关检查表

检查任务	检查工具	检查方法	检查结果
外观检查	肉眼	观察转换开关表面，是否存在裂缝、破损、缺少零件等情况，如果出现上述问题，说明转换开关可能已经损坏	
导通性检查	万用表	档位调整至蜂鸣器档，旋转旋柄，按照"一进一出"原则，用红黑表笔分别接触转换开关上对应的进线口和出线口，看蜂鸣器是否发出响声，如果发出响声，说明导通性良好；如果不发出响声，说明不导通	
使用性检查	螺钉旋具	用螺钉旋具挨个拧压线螺钉，观察是否可以正常拧动，如果可以正常拧动，说明转换开关使用性良好；如果不能正常拧动，说明螺钉存在问题	

（6）转换开关安装

转换开关安装方法与按钮相同，在此不再赘述。

（7）接近开关选型

图 4-16 为接近开关型号标注位置，常见的有 LJ 系列、CJ 系列、SJ 系列，在此对 LJ 系列型号进行介绍，其他型号需查阅相关手册。

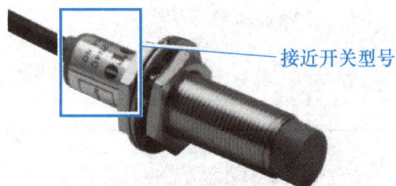

接近开关型号

图 4-16　接近开关型号标注位置

LJ 系列型号含义：

$$LJ\underline{\quad①\quad}\ \underline{\quad②\quad}-\underline{③\quad}/\underline{④\quad}\ \underline{⑤\quad}\ \underline{⑥\quad}$$

其中，①代表开关代号；②代表结构形式；③代表感应形式；④代表检测距离；⑤代表电源种类；⑥代表输出形式。

选择原则：

1）根据实际安装位置，选择大小合适的接近开关，不能太大或太小，太大无法安装，太小检测不到信号。

2）根据实际需要，选择合适的检测距离，不宜太远或太近。

3）选择合适的输出方式，输出方式分为 NPN 输出、PNP 输出和双向输出。其中 NPN 输出和 PNP 输出主要用于驱动直流负载，双向输出可以兼容直流和交流负载。

4）选择合适的工作电压和工作电流。

（8）接近开关检查

接近开关检查分为外观检查、导通性检查、使用性检查三部分。通过观察外观确定接近开关是否存在损坏；通过万用表检查接近开关信号线和电源线是否正常导通；用手左右旋转固定螺母，确定螺母是否能正常转动。检查结束后，填写接近开关检查表，见表 4-3。

表 4-3　接近开关检查表

检查任务	检查工具	检查方法	检查结果
外观检查	肉眼	通过观察接近开关表面，看是否存在裂缝、破损、缺少零件等情况，如果出现上述问题，说明接近开关可能已经损坏	
导通性检查	万用表	将接近开关接入电路，通过物体靠近接近开关，观察电路状态是否出现变化	
使用性检查	螺钉旋具	用螺钉旋具挨个拧压线螺钉，观察是否可以正常拧动，如果可以正常拧动，说明转换开关使用性良好；如果不能正常拧动，说明螺钉存在问题	

（9）接近开关安装

如图 4-17 所示，通过固定螺母将接近开关固定在需要的位置上。

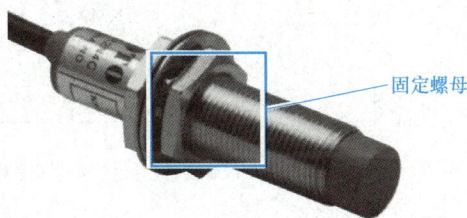

固定螺母

图 4-17　接近开关安装

4. 三相异步电动机正反转起动电路分析

图 4-18 所示为三相异步电动机正反转起动电路电气原理图，三相交流电源 L1、L2、L3 给整个电路供电，FU1 保护主电路，FU2 保护控制电路，交流接触器 KM1 和 KM2 主

触头分别控制电动机的正反转，FR 为主电路和控制电路的过载保护。按钮 SB1 控制电动机的停止，SB2 控制电动机的正转，SB3 控制电动机的反转，交流接触器 KM1 和 KM2 的辅助常开触头实现控制电路的自锁和互锁（电气互锁），同时按钮 SB1 和 SB2 辅助常开触头实现机械互锁，实现双重互锁。

当电动机需要正转时，按下正转起动按钮 SB2，KM1 线圈得电，KM1 主触头闭合，电动机正转运行，同时 KM1 辅助常开触头闭合，完成自锁，KM1 辅助常闭触头断开，实现互锁，避免 KM2 回路得电。当电动机需要停止时，按下 SB1，KM1 线圈断电，KM1 主触头断开，电动机停止，同时 KM1 辅助常开触头断开，解除自锁，KM1 辅助常闭触头闭合，解除互锁。

当需要电动机反转时，按下反转起动按钮 SB3，KM2 线圈得电，KM2 主触头闭合，电动机反转运行，同时 KM2 辅助常开触头闭合，完成自锁，KM2 辅助常闭触头断开，实现互锁。当电动机需要停止时，按下 SB1，KM2 线圈断电，KM2 主触头断开，电动机惯性停车，KM2 辅助常开触头断开，解除自锁，KM2 辅助常闭触头闭合，解除互锁。

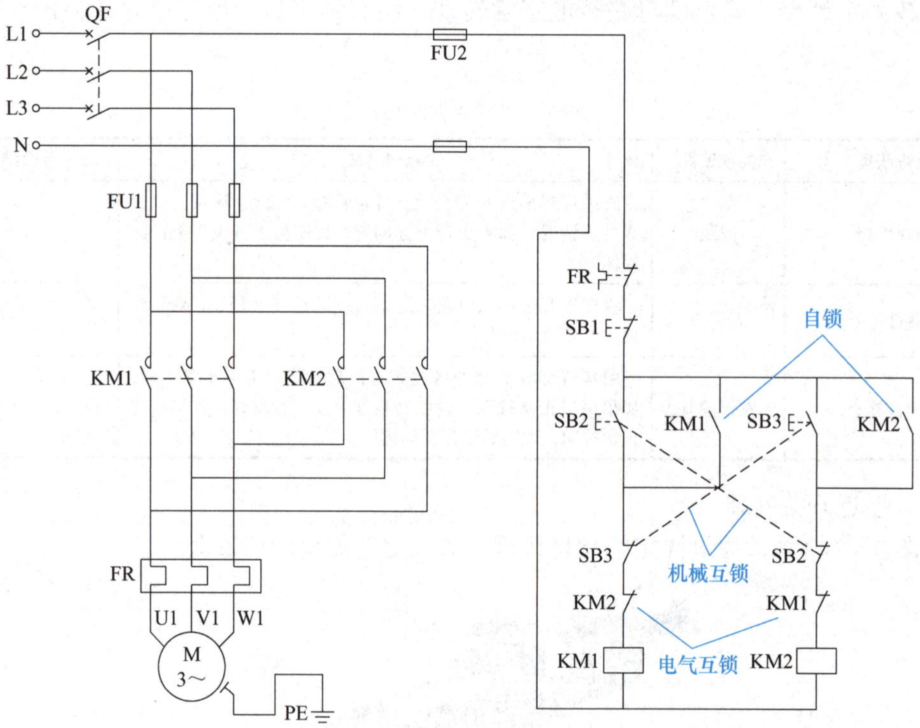

图 4-18　三相异步电动机正反转起动电路电气原理

☑ **思考题 4**　接线时，实现三相异步电动机正反转的关键是什么？

任意两个相序互换。

☑ **思考题 5**　电路如果没有进行自锁，会出现什么问题？

电动机无法连续运行，只能实现点动控制。

☑ **思考题6**　电路如果没有进行互锁，会出现什么问题？

如果没有机械互锁，无法实现电动机正反转直接转换。如果没有电气互锁，则正反转切换时，可能造成两个接触器同时得电的瞬间，从而形成短路，造成电路故障。

☑ **思考题7**　电路中的按钮互锁（机械互锁）和接触器互锁（电气互锁）可以取消其中一个吗？请说明理由。

不可以，按钮互锁是为了实现正反转直接转换，接触器互锁是为了防止短路。

❖ 五、任务实施

1. 准备工作

进行操作前，领取安全帽、绝缘服、绝缘鞋、绝缘手套等防护用品，每人一套，按照表4-4和表4-5要求进行准备。

表4-4　电工工具清单

序号	工具名称	单位	数量	备注
1	万用表	个	1	
2	剥线钳	个	1	
3	验电笔	个	1	
4	断线钳	个	1	
5	十字槽螺钉旋具	把	1	
6	一字槽螺钉旋具	把	1	
7	工具箱	套	1	
8	压线钳	把	1	

表4-5　电气元器件清单

序号	工具名称	单位	数量	符号	备注
1	断路器	个	1	QF	
2	熔断器	个	2	FU1、FU2	
3	按钮	个	3	SB1、SB2、SB3	
4	交流接触器	个	2	KM1、KM2	
5	热继电器	个	1	FR	

2. 实操练习

（1）电动机正反转起动电路接线

1）请写出控制要求：

电路分为主电路和控制电路，主电路和控制电路均要设置过载保护和短路保护，主电路连接三相异步电动机，控制电路连接按钮和交流接触器，三个按钮分别控制电动机的正转、反转和停止，控制电路要有自锁功能和互锁功能，互锁包括按钮互锁和接触器互锁。

2）按照控制要求，绘制电路图，如图 4-18 所示。

3）请按照控制要求，选择合适的电气元器件并说明理由：

① 断路器：一般选择断路器额定电流大于等于 1.5 ～ 2.5 倍电动机额定电流，电动机额定电流为 2.1A，因此选择断路器型号为正泰 DZ47-60C，其额定电流为 5A，额定电压为 400V，极数为 3P，满足使用要求。

② 交流接触器：一般选择交流接触器额定电流大于等于 2 倍电动机额定电流，电动机额定电流为 2.1A，因此选择交流接触器型号为德力西 CJX2-1210，其额定电流为 12A，额定电压为 380V，满足使用要求。

③ 热继电器：选择热继电器可调整定电流大于等于 1.2 倍电动机额定电流，电动机额定电流为 2.1A，因此选择热继电器型号为正泰 JR36-20，其电流调节范围为 2.2 ～ 3.5A，额定电压为 380V，满足使用要求。

④ 按钮：根据电动机的额定电流和额定电压，选择正泰 LA38 控制按钮，该按钮适用于交流 50/60Hz、额定电压至 380V，满足使用要求。

⑤ 熔断器：一般选择熔断器额定电流大于等于 1.5 ～ 2.5 倍电动机额定电流，电动机额定电流为 2.1A，因此选择熔断器型号为正泰 RT28-32 熔体和 RT28N-32X 底座，其额定电流为 6A，额定电压为 380V，满足使用要求。

注意事项：

① 操作之前，需要穿戴好防护用品，确保工作台安全不带电，电气元器件和电工工具准备齐全。

② 按照要求绘制电路图，熟悉各电气元器件之前逻辑关系与布线方法。

③ 按照电路图进行实物接线，使电路正常运行。

④ 实操结束后，将电气元器件和电工工具按照要求放好，确保数量和种类齐全。

⑤ 按时归还防护用品、电工工具及电气元器件。

（2）电动机电路故障检测及排除

1）肉眼观察，检查每个电气元器件表面是否存在破损、裂缝等明显问题，如果有的话，更换损坏的电气元器件。

2）根据之前的万用表使用方法，结合电路图，利用两个表笔对电路的所有电气元器件进行导通性检查。

3）对照电路图（图 4-18），对电动机主电路和控制电路的接线逻辑进行检查，按照"一进一出"原则，检查是否存在导线接错位置的问题。

4）针对电动机电路的每个接线端是否存在接触不良进行检查，方法是用手轻轻拽导线，看看是否容易拽掉，如果容易拽掉，则说明接线不牢，需要重新将导线拧紧。

5）完成电动机电路所有故障排除并根据实际情况填写表 4-6。

表 4-6　电路故障检查表

序号	电气元器件导通性	检查结果	接线端松紧	检查结果	接线逻辑	检查结果
1	断路器 QF		断路器进线端和出线端		对照电路图检查接线位置是否正确	
2	熔断器 FU1、FU2		熔断器进线端和出线端		对照电路图检查接线位置是否正确	
3	交流接触器 KM1、KM2		交流接触器进线端和出线端		对照电路图检查接线位置是否正确	
4	热继电器 FR		热继电器进线端和出线端		对照电路图检查接线位置是否正确	
5	按钮 SB1～SB3		按钮进线端和出线端		对照电路图检查接线位置是否正确	

◆ 六、任务考核

任务考核标准见表 4-7。

表 4-7　任务考核标准

考核任务	考核要求	配分	评分标准	扣分	得分
认识电气元器件	1.能认知行程开关、转换开关、接近开关等电气元器件 2.熟悉熔断器、断路器等电气元器件的作用	15	1.不认识行程开关、转换开关、接近开关等电气元器件，扣2分/个 2.不熟悉行程开关、转换开关、接近开关等电气元器件作用，扣2分/个		
电工工具使用	掌握套筒扳手、钳表、相序检测仪等基本电工工具使用方法	10	1.套筒扳手、钳表、相序检测仪等工具使用不熟练扣1分/次 2.损坏电工工具，扣1分/次		
接线操作和排故操作	1.掌握接线操作方法 2.掌握排故方法	50	1.电气元器件选用不当，扣2分/处 2.接线松动，扣1分/处 3.接线错误，扣2分/处 4.电路不能正常运行，扣5分/处 5.不能正确排除故障，扣2分/处		
课堂实训情况	态度认真、虚心好学、埋头苦干	5	做与课堂无关的事情，扣1分/次		
自觉遵守安全文明生产规程	规范着装，安全文明操作，无事故和事故苗子	5	1.违反安全生产规程，视情节扣1～5分 2.违反文明操作规程（工具、器材的摆放不规范，不清理现场），扣1～5分 3.着装不规范，扣1分/次		
团队协作情况	具有良好的团队合作精神，热心帮助小组其他成员	5	不团结同学讨论疑难问题，扣1分/次		
现场管理情况	能够按照6S管理正确管理现场	5	未按照6S管理整理现场，扣1分/处		
学习纪律出勤情况	遵守上下班制度，无迟到、早退、请假	5	迟到、早退、请假，扣1分/次		

❖ 七、任务总结

填写任务总结反馈表，见表4-8。

表4-8　任务总结反馈表

实训存在问题	具体原因	改进措施

任务五

三相异步电动机星形－三角形减压起动电路的连接与排故

◆ 一、任务描述

现有一三相异步电动机要完成星形－三角形换接起动和停止控制，额定功率为4kW，额定电压为380V，额定电流为8.2A，额定转速为2890r/min，要求按下起动按钮，电动机星形联结起动，3s后切换成三角形联结运行；按下停止按钮，电动机停止运行。请按照要求绘制电路图，选择电气元器件，完成电路接线，使电路正常运行，并排除故障。

◆ 二、任务要求

1）电动机星形－三角形减压起动电路接线。
2）电动机星形－三角形减压起动电路故障检测及排除。

◆ 三、学习工匠精神

穿着灰色工装的谢邦鹏，一手拿着电动螺钉旋具，一手摆弄着万用表，乍一看并没有什么特别。但实际上，他是本硕博都毕业于清华大学的"三清博士"。15年前，他推掉不少高薪、高福利工作机会，选择成为国家电网上海浦东供电公司的一名基层员工。从扎根一线打磨技能，到创新打造智慧能源"双碳"云平台，再到统筹数据顶层设计，"博士工匠"谢邦鹏的身份不断转换。

有很多人诧异，师从中国电力系统泰斗级学者、中国科学院院士卢强的谢邦鹏，为什么要做一名基层员工，而且一干就是好几年？从小就想当一名工程师的谢邦鹏却很清楚，"我喜欢在一线工作，那里有我成长需要的土壤。"

谢邦鹏一直记得，2009年年初有一次跟着师傅到设备抢修现场，他就被现实"上了一课"。当时，谢邦鹏自信满满地对照图样查找故障，但仔细检查了每个回路，却一直没查出原因。最终，他向班组师傅请教，师傅分秒之间就解决了问题。自信受挫、失落彷徨过后，谢邦鹏决定给自己"清零"，一切从头学起。谢邦鹏花了大量时间钻研打磨技能，成了班组里拧螺钉、接线头、看图样、做笔记最多的人。三年后，凭着扎实的理论和出色的专业能力，谢邦鹏被任命为继保班班长。

扎根一线，为谢邦鹏探索各种创新发明，提供了沃土。在日常的变配电站验收工作中，谢邦鹏发现在大电流试验中，短接开关柜出线连接排时，没有合适的专用短接工具，只能采用自制铝网线、自制铜排头等临时工具，不仅接触不牢靠，还有触电的风险。他从晾晒衣物的夹子获得灵感，发明了安全省时、实现一秒接入的大电流试验万用组合短接工具，获得国家发明专利和 2014 年度上海市科技进步奖三等奖。这项创新发明，不仅在一线班组被广泛推广，提升了现场工作效率，还在中国国际进口博览会保电等重要供电保障工作中大放异彩。

时至今日，谢邦鹏一直铭记导师卢强院士的教诲："青年才俊扎根于生产一线，不但不是轻用人才，反而是锻炼和造就能担当未来大任的精英之正道，有利于科学技术的进步与发展，更有利于促进学术界和产业界的沟通与交汇。"

（摘自新华每日电讯）

💡 **思考：** 通过谢邦鹏事迹，大家在今后学习和工作中应该怎么做？

_____

_____

_____

_____

◆ 四、相关知识

1. 认识常见电气元器件

（1）开关电源

图 5-1 是开关电源实物图，开关电源又称交换式电源，是一种能将交流电转换成直流电的装置，通过电路控制开关管进行高速导通与截止，实现电流和电压的转换。一般而言，开关电源输入的主要是交流电，而输出的主要是直流电。开关电源结构简单、成本低廉、使用方便，且目前电力系统输入大多数是交流电，因此开关电源在电路中得到广泛使用，尤其是需要提供直流电的场合。开关电源电气符号如图 5-2 所示。

图 5-1　开关电源实物图

图 5-2　开关电源电气符号

（2）导线线槽

图 5-3 是导线线槽实物图，又名走线槽、配线槽，主要用来将电源线、数据线等导线统一安置在线槽内，然后将线槽固定在所需要的位置上，最后扣上盖子。根据线槽材质不同，分为 PVC 线槽、PPO 线槽、PC/ABS 线槽等。线槽一般通过螺钉，安装在所需要的位置上。

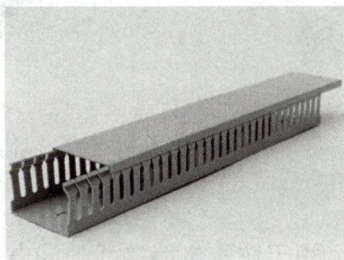

图 5-3　导线线槽实物图

（3）电气导轨

图 5-4 是电气导轨实物图，电气导轨主要用于安装电气元器件，接线前，将电气元器件卡在电气导轨上，无需螺钉安装，同时拆卸方便，便于维修和更换。电气导轨安装时，一般利用螺钉，通过电气导轨上的预留孔，将其安装在所需要的位置上。

图 5-4　电气导轨实物图

☑ **思考题 1**　请写出开关电源的结构组成。

① 开关器件；② 输入电源滤波电路；③ 直流输出电路；④ 控制电路；⑤ 保护电路。

☑ **思考题 2**　请列举电气导轨的应用场合。

① 工业设备领域；② 自动化控制领域；③ 能源设施领域。

2. 认识常见电工工具

（1）内六角扳手

图 5-5 为内六角扳手实物图，分为不同尺寸大小，使用时，选择合适尺寸的扳手，将短头插入螺钉顶部的凹槽里，通过扳手对螺钉施加作用力，实现螺钉的拧紧和拧松，是机械和电气行业常用的工具之一。

（2）电工工具箱

图 5-6 为电工工具箱实物图，主要用于装电工工具。箱体一般采用工程塑料，外部有

两个锁扣，内部有可分离内胆。工具箱有各种尺寸，可以满足不同的使用需求。

图 5-5　内六角扳手实物图　　　　图 5-6　电工工具箱实物图

（3）绝缘胶带

图 5-7 为绝缘胶带实物图，用于防止电路接线处漏电，起到绝缘作用，又称绝缘胶布，由基带和压敏胶层组成。基带一般采用棉布、合成纤维织物和塑料薄膜等，压敏胶层由橡胶加增黏树脂等制成，具有黏性好、绝缘性能优良、耐压、阻燃等特性。绝缘胶带广泛用于电线连接、电气绝缘、预防触电等方面。

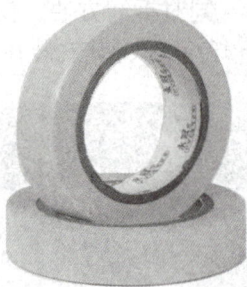

图 5-7　绝缘胶带实物图

（4）高压验电器

图 5-8 为高压验电器实物图，由电子集成电路制成，具有性能稳定、可靠、全电路自检功能和抗干扰性强等特点，主要用来检查高压线路和电力设备是否带电，是电工常用的安全用具之一。图 5-9 为高压验电器使用方法，使用时，必须戴绝缘手套，手握部分不能超过护环，至少两人操作，操作者与带电体必须保持一定的安全距离。

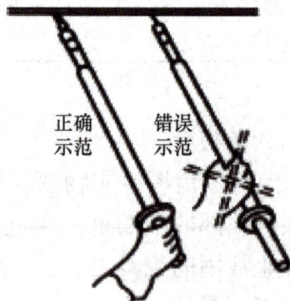

图 5-8　高压验电器实物图　　　　图 5-9　高压验电器使用方法

（5）固定扳手

图 5-10 为固定扳手实物图，固定扳手也叫开口扳手，其开口尺寸为固定尺寸，不能调节，主要作用和活动扳手一样，也是固定螺栓和螺母的专用工具之一。固定扳手口径有不同尺寸，可以根据实际需要进行选择。

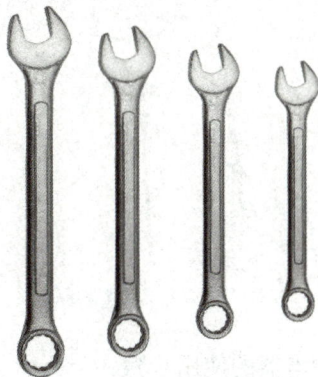

图 5-10 固定扳手实物图

（6）电钻

图 5-11 所示为电钻实物图，电钻是常用的电工工具之一，一般与不同尺寸的钻头配合使用，主要主要用于打孔。电钻的工作原理是电磁旋转式或电磁往复式小容量电动机的转子在电能的驱动下做旋转运动，通过传动机构，带动钻头高速旋转，使钻头钻削物体表面，从而打孔。

图 5-11 电钻实物图

（7）绝缘梯

图 5-12 所示是绝缘梯实物图，主要用于电工登高作业。绝缘梯自身具有绝缘性，可以确保操作者的人身安全，由于其结构简单、结实耐用、成本低廉，在电工行业中得到了广泛的应用。

图 5-12　绝缘梯实物图

✅ **思考题 3**　请写出高压验电器的使用步骤。

① 检查设备：在使用高压验电器之前，首先检查设备的外观是否完好无损，确保所有接线端子干燥和清洁。

② 配置设备：将高压验电器和适配器与所需的设备连接，确保连接正确无误。

③ 设置电压：根据所需的测试参数和要测试的设备，设定适当的电压范围和测量单位。

④ 运行测试：将高压验电器的探头放置在要测试的电气设备上，确保与设备接触良好，然后逐步增加电压，同时观察设备的反应。

⑤ 观察结果：通过高压验电器的指示器、屏幕或显示器，观察电流、电阻或其他测量参数的数值变化，同时，注意观察设备是否出现任何异常现象，如发生电火花或异响等。

⑥ 记录数据：在测试过程中，记录测试中所得的数据和观察结果，以备后续分析和比对。

⑦ 断开连接：测试结束后，先将高压验电器的电源关闭。然后断开所有连接，防止任何意外伤害或损坏。

⑧ 清洁和存储：仔细清洁高压验电器，确保其处于干燥、无尘和无腐蚀的状态，然后将其妥善存放在干燥、安全的地方，以防损坏或丢失。

✅ **思考题 4**　请写出绝缘梯的特点。

① 不导电；②耐腐蚀、耐枯朽、耐褪色；③重量轻、搬运方便；④低吸水率、阻燃性好；⑤强度高；⑥抗冲击；⑦绝缘。

3. 电气元器件选型、检查与安装

（1）开关电源选型

选择开关电源的基本依据：

1）选用合适的输入电压规格。

2）选择合适的功率。

3）根据负载特性进行选择。

4）考虑电源的工作环境以及辅助散热装置。

5）根据实际情况，选择辅助功能，如保护功能（过电压保护、过温度保护、过负载保护）等。

6）选择合适的安装尺寸。

（2）开关电源检查

开关电源检查分为外观检查、导通性检查、使用性检查三部分。通过观察外观确定开关电源是否存在损坏；通过万用表检查输入/输出电压端之间是否正常导通；通过螺钉旋具确定螺钉是否正常。检查结束后，填写开关电源检查表，见表5-1。

表 5-1　开关电源检查表

检查任务	检查工具	检查方法	检查结果
外观检查	肉眼	观察开关电源表面，是否存在裂缝、破损、缺少零件等情况，如果出现上述问题，说明开关电源可能已经损坏	
导通性检查	万用表	档位调整至蜂鸣器档，红黑表笔分别接触开关电源的输入端子和输出端子，看蜂鸣器是否发出响声，如果发出响声，说明导通性良好；如果不发出响声，说明不导通。此外，将万用表档位调整到直流电压档，给开关电源上电，用红黑表笔测量输出电压，观察万用表读数是否在允许范围内	
使用性检查	螺钉旋具	用螺钉旋具挨个拧压线螺钉，观察是否可以正常拧动，如果可以正常拧动，说明开关电源使用性良好；如果不能正常拧动，说明螺钉存在问题	

（3）开关电源安装

通过四个角的螺钉，将开关电源固定在导轨或电路板上。

思考题 5　请写出开关电源的应用场合。

① 通信设备；② 医疗设备；③ 电力设备；④ 工控设备。

4. 三相异步电动机星形－三角形减压起动电路分析

图 5-13 所示为时间继电器控制的三相异步电动机星形－三角形减压起动电路，其中三相交流电 L1、L2、L3 负责给电路供电，断路器 QF 负责控制电路是否得电，熔断器 FU1 和 FU2 为主电路和控制电路提供短路保护，热继电器 FR 负责为整个电路提供过载保护，交流接触器 KM1 负责接通主电路，KM2 负责实现电动机绕组三角形联结，KM3 负责实现电动机绕组的星形联结。按钮 SB1 是起动按钮，SB2 是停止按钮，时间继电器 KT 负责控制星形联结和三角形联结的换接时间。

当需要起动时，按下起动按钮 SB1，交流接触器 KM1 线圈得电，三相异步电动机接入电源，同时时间继电器 KT 及接触器 KM3 线圈得电。其常开主触头闭合，电动机定子绕组在星形联结下起动。此时 KM2 的常闭辅助触头断开，保证了接触器 KM2 不得电。当达到设定时间后，时间继电器 KT 延时闭合的常开触头闭合，延时断开的常闭触头断开，切断 KM3 的电源，同时 KM2 线圈得电，其主触头闭合，使电动机由星形起动切换为三角形运行。当按下 SB2 时，控制电路断电，各交流接触器触头恢复原样，电动机断电停止。

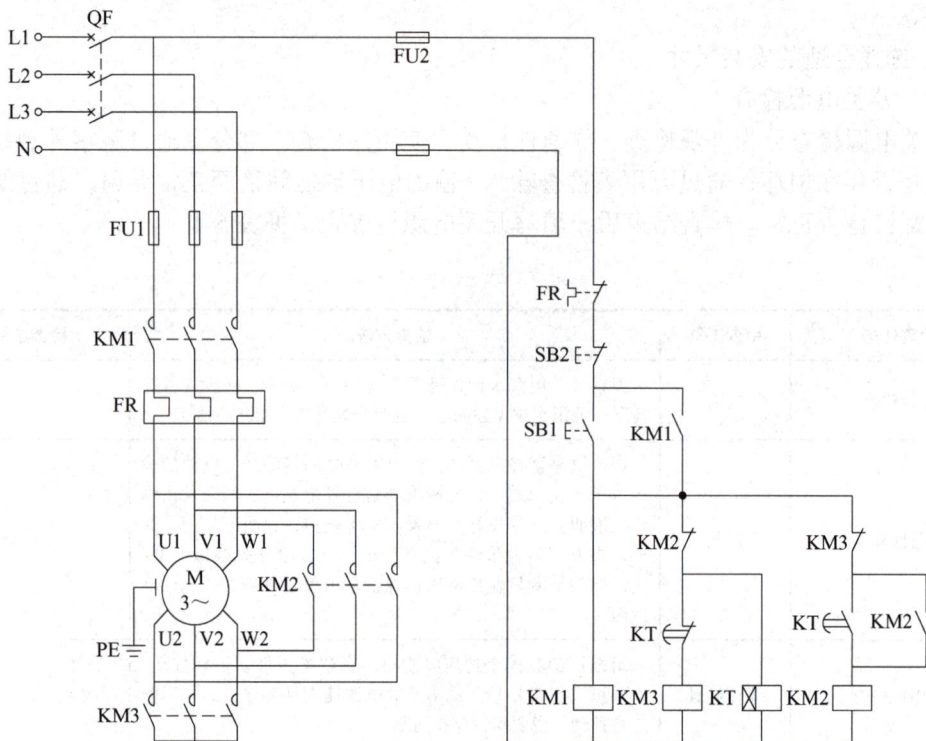

图 5-13 时间继电器控制的三相异步电动机星形 – 三角形减压起动电路

☑ **思考题 6** 三相异步电动机星形 – 三角形减压起动接线注意事项。

① 先检查电动机绕组是否有短路、开路等问题；②按照电动机接线盒上的要求进行接线。

☑ **思考题 7** 三相异步电动机星形 – 三角形减压起动如果不成功，可能是什么原因？

① 接线错误；②电气元器件故障；③接线未压紧。

☑ **思考题 8** 除用时间继电器实现星形 – 三角形切换外，还可怎样切换？

按钮（手动）切换。

❖ 五、任务实施

1. 准备工作

进行操作前，领取安全帽、绝缘服、绝缘鞋、绝缘手套等防护用品，每人一套，按照表 5-2 和表 5-3 要求进行准备。

表 5-2　电工工具清单

序号	工具名称	单位	数量	备注
1	万用表	个	1	
2	剥线钳	个	1	
3	验电笔	个	1	
4	断线钳	个	1	
5	十字槽螺钉旋具	把	1	
6	一字槽螺钉旋具	把	1	
7	工具箱	套	1	
8	压线钳	把	1	

表 5-3　电气元器件清单

序号	工具名称	单位	数量	符号	备注
1	断路器	个	1	QF	
2	熔断器	个	2	FU1、FU2	
3	按钮	个	2	SB1、SB2	
4	交流继电器	个	3	KM1、KM2、KM3	
5	热继电器	个	1	FR	
6	时间继电器	个	1	KT	
7	电动机	个	1	M	

2. 实操练习

（1）电动机星形 – 三角形减压起动电路接线

1）请写出控制要求：

按下起动按钮，电动机先以星形联结起动，3s 后切换成三角形联结运行，按下停止按钮，电动机停止运行。

2）按照控制要求，绘制电路图，如图 5-13 所示。

3）请按照控制要求，选择合适的电气元器件并说明理由：

① 断路器：一般选择断路器额定电流大于等于 1.5 ～ 2.5 倍电动机额定电流，电动机额定电流为 8.2A，因此选择断路器型号为正泰 DZ47-60C，额定电流 20A，额定电压 400V，满足使用要求。

② 交流接触器：一般选择交流接触器额定电流大于等于 2 倍电动机额定电流，电动机额定电流为 8.2A，因此选择交流接触器型号为德力西 CJX2-1810，额定电流 18A，额定电压 380V，满足使用要求。

③ 热继电器：选择热继电器可调整定电流大于等于 1.2 倍电动机额定电流，电动机额定电流为 8.2A，因此选择热继电器型号为正泰 JR36-20，电流调节范围为 6.8 ～ 11A，额定电压为 380V，满足使用要求。

④ 按钮：根据电动机的额定电流和额定电压，选择正泰 LA38 控制按钮，该按钮适用于交流 50/60Hz、额定电压至 380V 的电路，满足使用要求。

⑤ 熔断器：一般选择熔断器额定电流大于等于 1.5～2.5 倍电动机额定电流，电动机额定电流为 8.2A，因此选择熔断器型号为正泰 RT28-32 熔体和 RT28N-32X 底座，额定电流 20A，额定电压 380V，满足使用要求。

⑥ 时间继电器：根据电动机的额定电流和额定电压，选择时间继电器型号为正泰 JSZ3A-A，额定电压 380V，额定电流 53A，延迟时间范围最大 30s，满足使用要求。

注意事项：

① 操作之前，需要穿戴好防护用品，确保工作台安全不带电，电气元器件和电工工具准备齐全。

② 按照要求绘制电路图，熟悉各电气元器件之前逻辑关系与布线方法。

③ 按照电路图进行实物接线，使电路正常运行。

④ 实操结束后，将电气元器件和电工工具按照要求放好，确保数量和种类齐全。

⑤ 按时归还防护用品、电工工具及电气元器件。

（2）电动机电路故障检测及排除

1）肉眼观察，检查每个电气元器件表面是否存在破损、裂缝等明显问题，如果有的话，更换损坏的电气元器件。

2）根据之前的万用表使用方法，结合电路图，利用两个表笔对整个电动机电路的所有电气元器件进行导通性检查。

3）对照电路图（图 5-13），对电动机主电路和控制电路的接线逻辑进行检查，按照"一进一出"原则，检查是否存在导线接错位置的问题。

4）针对电动机电路的每个接线端是否存在接触不良进行检查，方法是用手轻轻拽导线，看看是否容易拽掉，如果容易拽掉，则说明接线不牢，需要重新将导线拧紧。

5）完成电动机电路所有故障排除并根据实际情况填写表 5-4。

表 5-4　电路故障检查表

序号	电气元器件导通性	检查结果	接线端松紧	检查结果	接线逻辑	检查结果
1	断路器 QF		断路器进线端和出线端		对照电路图检查接线位置是否正确	
2	熔断器 FU1、FU2		熔断器进线端和出线端		对照电路图检查接线位置是否正确	
3	交流接触器 KM1、KM2、KM3		交流接触器进线端和出线端		对照电路图检查接线位置是否正确	
4	热继电器 FR		热继电器进线端和出线端		对照电路图检查接线位置是否正确	
5	按钮 SB1、SB2		按钮进线端和出线端		对照电路图检查接线位置是否正确	
6	时间继电器 KT		时间继电器进线端和出线端		对照电路图检查接线位置是否正确	

六、任务考核

任务考核标准见表5-5。

表 5-5　任务考核标准

考核任务	考核要求	配分	评分标准	扣分	得分
认识电气元器件	1.能认知开关电源、电气导轨、线槽等电气元器件 2.熟悉开关电源、电气导轨、线槽等电气元器件的作用	15	1.不认识开关电源、电气导轨、线槽等电气元器件，扣2分/个 2.不熟悉中间继电器、时间继电器、热继电器等电气元器件作用，扣2分/个		
电工工具使用	掌握电钻、绝缘梯、固定扳手等基本电工工具使用方法	10	1.电钻、绝缘梯、固定扳手等工具使用不熟练，扣1分/次 2.损坏电工工具，扣1分/次		
接线操作和排故操作	1.掌握接线操作方法 2.掌握排故方法	50	1.电气元器件选用不当，扣2分/处 2.接线松动，扣1分/处 3.接线错误，扣2分/处 4.电路不能正常运行，扣5分/处 5.不能正确排除故障，扣2分/处		
课堂实训情况	态度认真、虚心好学、埋头苦干	5	做与课堂无关的事情，扣1分/次		
自觉遵守安全文明生产规程	规范着装，安全文明操作，无事故和事故苗子	5	1.违反安全生产规程，视情节扣1～5分 2.违反文明操作规程（工具、器材的摆放不规范，不清理现场），扣1～5分 3.着装不规范，扣1分/次		
团队协作情况	具有良好的团队合作精神，热心帮助小组其他成员	5	不团结同学讨论疑难问题，扣1分/次		
现场管理情况	能够按照6S管理正确管理现场	5	未按照6S管理整理现场，扣1分/处		
学习纪律出勤情况	遵守上下班制度，无迟到、早退、请假	5	迟到、早退、请假，扣1分/次		

七、任务总结

填写任务总结反馈表，见表5-6。

表 5-6　任务总结反馈表

实训存在问题	具体原因	改进措施

任务六

三相异步电动机反接制动电路的连接与排故

◆ 一、任务描述

现有一台三相异步电动机要完成反接制动控制，功率为 2.2kW，额定电压为 380V，额定电流为 4.8A，额定转速为 2840r/min，请按照要求绘制电路图，选择电气元器件，完成电路接线，使电路正常运行，并完成电路故障检测及排除。

◆ 二、任务要求

1）电动机反接制动电路接线。

2）电动机反接制动电路故障检测及排除。

◆ 三、学习工匠精神

扎根船舶电气领域 13 年来，韩磊约有 12 年的时间在一线操作，这也为其精湛的业务打下了坚实的基础。其曾多次在省、市举办的各类技能竞赛中取得优异成绩，荣获"江苏省技术能手""江苏省五一创新能手"荣誉称号。

2022 年 7 月，韩磊负责 N966 风车安装船任务调试，N966 风车安装船当时在试航阶段，属于首制产品，用的都是国外的零件，因而出现了不少意想不到的问题。安装时发现雨刮器出了问题，通电不能正常使用，服务商检查了一整天没找到问题所在，厂家又无法来到现场。

"原本我们只负责调试，首制产品不该我们上手维修的，由于时间紧迫，我也只能试一试了。"韩磊带着一个工人，慢慢拆解，仅用了半天时间就解决了问题。

韩磊说，电气维修不可有一丝马虎，哪怕错一点点，都会造成整个电路不能正常运行。"因为我有多年一线操作经历，平时也常常在练习，因此熟能生巧。"

工作多年，韩磊先后参与了世界首座圆筒型超深水海洋钻探平台"希望 4 号"、半潜式深海钻井平台 GM4000"创新者号"系列 4 艘穿梭油轮、自升式钻井平台"凯旋一号"、全球最先进风电安装船 N829、全球首艘 3000 吨级自升自航式风电安装船 N966 等项目的电装工程。特别是在"希望7号"FPSO项目上，韩磊让该项目提前4个月交付，为企业进军国际市场打下了良好的基础。

（摘自央广网）

💡 **思考：** 韩磊能有今天的成绩主要是靠什么？

_____

_____

_____

_____

◆ 四、相关知识

1. 认识常见电气元器件

（1）电压继电器

图 6-1 为电压继电器实物图，主要由电磁铁、常开/常闭触头、弹簧等部件组成，当电路中的电压达到设定值时，电磁铁会产生吸力，使常开触头闭合，常闭触头断开，从而实现电路的通断。电压继电器实际上是用较小的电流控制较大电流的一种自动开关。它广泛应用于发电、输电和配电系统中，用于保护电气设备免受过电压或低电压的影响，在电路中起着自动调节、安全保护、转换电路等作用。电压继电器主要用于发电机、变压器和输电线的继电保护装置中，作为过电压保护或低电压闭锁的起动元器件。电压继电器电气符号如图 6-2 所示。

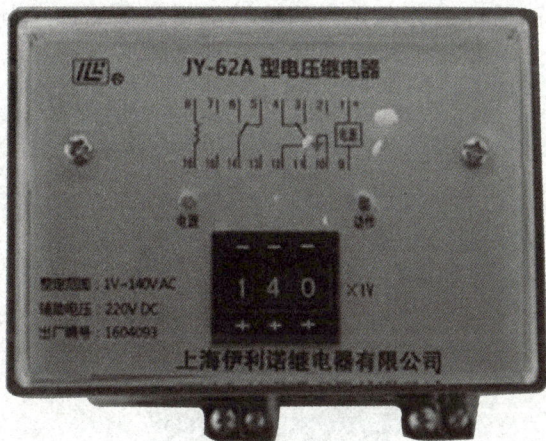

图 6-1　电压继电器实物图

（2）电流继电器

图 6-3 为电流继电器实物图，电流继电器是电力系统继电保护中常用的电气元器件。

电流继电器具有接线简单、动作迅速、维护方便、使用寿命长等优点，作为保护元器件广泛应用于电动机、变压器和输电线路中。电流继电器的检测对象是电路或电气部件电流的变化情况，当电流超过（或低于）某一整定值时，继电器动作，完成继电控制及保护作用。电流继电器电气符号如图6-4所示。

a) 过电压继电器   b) 欠电压继电器

图 6-2   电压继电器电气符号

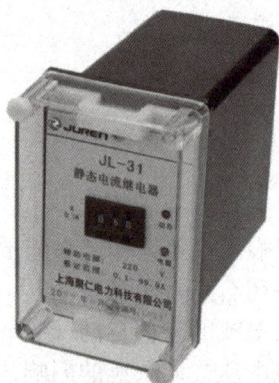

图 6-3   电流继电器实物图

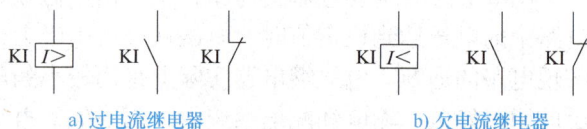

a) 过电流继电器   b) 欠电流继电器

图 6-4   电流继电器电气符号

（3）速度继电器

图6-5为速度继电器实物图，结构如图6-6所示。它的原理是当三相电源的相序改变以后，产生与实际转子转动方向相反的旋转磁场，从而产生制动力矩。因此，可用于电动机的制动控制，使电动机在制动状态下迅速降低速度。速度继电器电气符号如图6-7所示。

图 6-5   速度继电器实物图

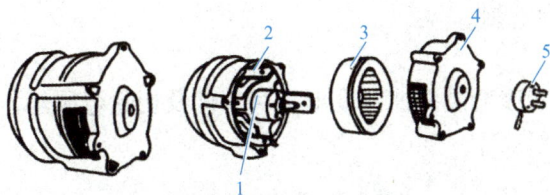

图 6-6　速度继电器结构

图 6-7　速度继电器电气符号

1—可动支架　2—转子　3—定子　4—端盖　5—连接头

a) 继电器转子　b) 常开触头　c) 常闭触头

☑ **思考题 1**　电压继电器、电流继电器的区别是什么？

电压继电器线圈的线径比较细，圈数很多；电流继电器的线径较粗，圈数很少。

☑ **思考题 2**　电压继电器应用场合是什么？

①家用电器：如空调、冰箱、洗衣机等，帮助节省能源和增加电器的寿命；②工业应用：如控制工厂的机器、自动化生产线等，确保生产线的可靠性和稳定性；③电子设备：如计算机和手机，帮助保护电子设备，并确保它们的正常运行。

☑ **思考题 3**　速度继电器的应用场合有哪些？

①机械行业：速度继电器广泛应用于各种旋转机械的控制，如钢铁、化工、矿山、水泥等工业生产线；②电力行业：在大型发电机组中，通过对发电机转速的监测，保证发电机在正常运行范围内，并及时检测故障信号；③交通运输：速度继电器可以监测和控制电动车、电梯、轨道交通等交通设施的速度和状态。

2. 认识常见电工工具

（1）卷尺

图 6-8 所示为卷尺实物图，卷尺是一种软性的测量工具，由塑料、钢条、布料等材料制成。它容易携带，用于测量长度。

（2）线槽剪刀

图 6-9 所示为线槽剪刀实物图，线槽剪刀用于裁剪线槽，这种剪刀外形小巧，可以随身携带。

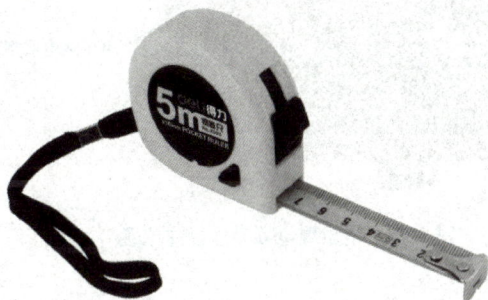

图 6-8　卷尺实物图

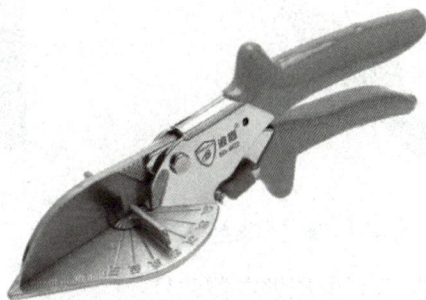

图 6-9　线槽剪刀实物图

（3）锉刀

图 6-10 所示为线槽锉刀实物图，又名锉子。锉刀一般为金属材质，多为长条形，是

较为常用的五金工具，用于锉平线槽断口处的毛刺。

（4）钢丝钳

图 6-11 所示为钢丝钳实物图，钢丝钳用于掰弯及扭曲圆柱形金属零件及切断金属丝，其旁刃口也可用于切断细金属丝。

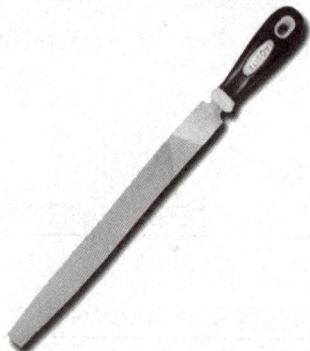

图 6-10　锉刀实物图

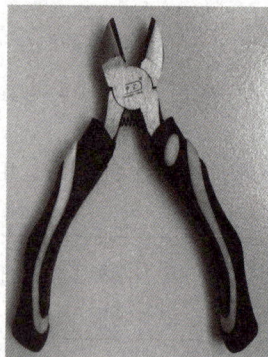

图 6-11　钢丝钳实物图

（5）锤子

图 6-12 所示为锤子实物图，锤子常用来敲击或矫正。锤子有各种样式，常见的由手柄以及顶部构成。顶部的一面平坦以便敲击，另一面则是锤头。锤头的形状可以是羊角形，也可以是楔形，可拔出钉子，另外也有圆头形的锤头。

3. 电气元器件选型、检查与安装

（1）电压继电器选型

图 6-13 所示为电压继电器型号标注位置，现对 JY 系列进行介绍，其他电压继电器型号需查阅相关手册。

图 6-12　锤子实物图

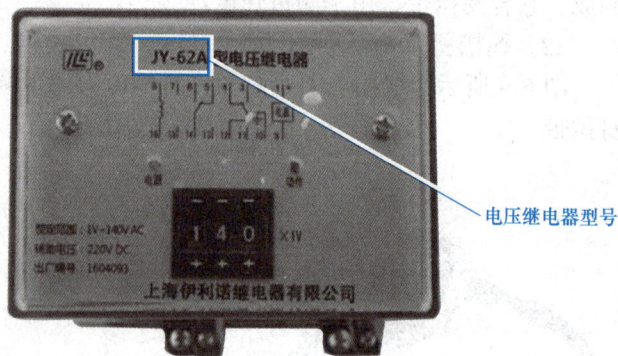

图 6-13　电压继电器型号标注位置

JY 系列电压继电器型号：

JY－___①___　___②___　___③___／___④___

其中，JY 表示静态电压继电器；①表示结构类型，1 表示 HK，2 表示 JK，3 表示 CJ，4 表示 SJ；②表示触点分类，1 表示一个常开一个常闭，2 表示两个常开，3 表示两

个常闭，4 表示两个常开一个常闭，5 表示两个常闭一个常开；③表示动作分类，A 为过电压，B 为低电压；④表示电压整定范围。

（2）电压继电器检查

电压继电器检查分为外观检查、导通性检查、使用性检查三部分。通过观察外观确定电压继电器是否存在损坏；检查接线端是否正常导通，检查参数调节按钮是否正常。检查结束后，填写电压继电器检查表，见表 6-1。

表 6-1　电压继电器检查表

检查任务	检查工具	检查方法	检查结果
外观检查	肉眼	观察电压继电器表面是否存在裂缝、破损、缺少零件等情况，如果出现上述问题，说明电压继电器可能已经损坏	
导通性检查	万用表	档位调整至电阻档，测量电压继电器的绝缘电阻和线圈电阻，绝缘电阻值应大于 1MΩ，线圈电阻应为几百至几千欧（不为 0 或无穷大），如果是，说明电压继电器正常；如果不是，说明电压继电器损坏	
使用性检查	螺钉旋具	用螺钉旋具挨个拧压线螺钉，观察是否可以正常拧动，如果可以正常拧动，说明电压继电器使用性良好；如果不能正常拧动，说明螺钉存在问题	

（3）电压继电器安装

电压继电器通过螺钉直接拧在电气导轨上面。

（4）电流继电器选型

图 6-14 所示为电流继电器型号标注位置，电流继电器型号众多，常见的有 DL 系列和 JL 系列，现对 DL 系列型号进行介绍，其他电流继电器型号需查阅相关手册。

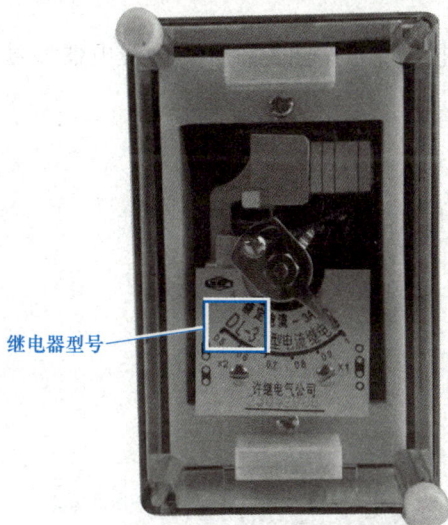

继电器型号

图 6-14　电流继电器型号标注位置

DL 系列型号格式：

$$DL-\underline{①}\ /\ \underline{②}$$

其中，DL 表示电流继电器；①表示设计序号；②表示最大电流。

选择原则：

1）控制电流的种类和范围。

2）控制电流的稳定性。

3）控制电流的极性。

4）继电器的电气特性。

（5）电流继电器检查

电流继电器检查分为外观检查、导通性检查、使用性检查三部分。通过观察外观确定电流继电器是否存在损坏；用万用表检查接线端是否正常导通，检查参数调节按钮是否正常。检查结束后，填写电流继电器检查表，见表6-2。

表 6-2　电流继电器检查表

检查任务	检查工具	检查方法	检查结果
外观检查	肉眼	观察电流继电器表面是否存在裂缝、破损、缺少零件等情况，如果出现上述问题，说明电流继电器可能已经损坏	
导通性检查	万用表	档位调整至电阻档，测量常闭触头与常开触头电阻，常闭触头阻值应为 0，常开触头阻值应该为无穷大。测试线圈电阻，阻值为几百至几千欧（不是 0 或者无穷大）说明正常	
使用性检查	螺钉旋具	用螺钉旋具挨个拧压线螺钉，观察是否可以正常拧动，如果可以正常拧动，说明电流继电器使用性良好；如果不能正常拧动，说明螺钉存在问题	

（6）电流继电器安装

电流继电器通过背后螺钉拧在电气导轨上面。

（7）速度继电器选型

图 6-15 所示为速度继电器型号标注位置，速度继电器型号众多，常见的有 JY1 系列和 JFZ0 系列。

选择要素：

1）继电器转速大小。

2）继电器触头容量大小。

3）继电器触头数量。

4）继电器使用寿命。

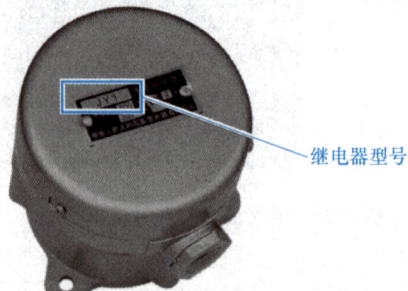

继电器型号

图 6-15　速度继电器型号标注位置

（8）速度继电器检查

速度继电器检查分为外观检查、导通性检查、使用性检查三部分。通过观察外观，确定速度继电器是否存在损坏；用万用表检查接线端是否正常导通，检查参数调节按钮是否正常，结束后，填写速度继电器检查表，见表6-3。

表6-3 速度继电器检查表

检查任务	检查工具	检查方法	检查结果
外观检查	肉眼	观察速度继电器表面是否存在裂缝、破损、缺少零件等情况，如果出现上述问题，说明速度继电器可能已经损坏	
导通性检查	万用表	档位调整至电阻档，测量输入端与输出端的电阻，阻值不应为0或者无穷大	
使用性检查	螺钉旋具	用螺钉旋具挨个拧压线螺钉，观察是否可以正常拧动，如果可以正常拧动，说明速度继电器使用性良好；如果不能正常拧动，说明螺钉存在问题	

（9）速度继电器安装

1）速度继电器的转轴应与电动机同轴连接，使两轴的中心线重合，速度继电器的轴可用联轴器与电动机的轴连接。

2）速度继电器安装接线时，应注意正反向触头不能接错，否则不能实现反接制动控制。

3）速度继电器的外壳应可靠接地。

4. 三相异步电动机反接制动电路分析

图6-16所示为三相异步电动机反接制动电路，其中断路器QF负责控制电源的接入与断开，熔断器FU1和FU2负责提供短路保护，热继电器FR负责提供过载保护，交流接触器KM1控制电动机通断，KM2控制反接制动电路通断，电阻R负责限流，KS是速度继电器，负责检测电动机转速，按钮SB1是起动按钮，SB2是停止按钮，KS辅助常开触头负责根据转速控制电路的通断。

当按下起动按钮SB1时，KM1线圈得电，对应的主触头和辅助触头同时吸合，形成自锁，当转速达到设定值时，KS触头吸合，电动机正常运行。当按下停止按钮SB2时，KM1线圈失电，对应的主触头和辅助触头断开，同时KM2线圈得电，对应的主触头和辅助触头同时吸合，电动机进入反接制动状态，当电动机转速降低到设定值时，触头KS断开，KM2线圈失电，对应的主触头和辅助触头断开，电动机停止转动。

☑ **思考题 4** 电压继电器和速度继电器的区别是什么？

电压继电器主要用来控制电路的电压大小，实现对电路的开关和电压的调节控制；而速度继电器主要用来控制运行设备的转速，实现运行设备的调速、保护和控制等功能。

☑ **思考题 5** 若速度继电器出现故障，在制动时会出现什么情况？

当电动机停止时，无法发挥制动效果。

☑ **思考题 6** 若不加限流电阻 R，在制动时会出现什么情况？

如果不加限流电阻，在制动过程中会出现电流过大、烧坏电路的情况。

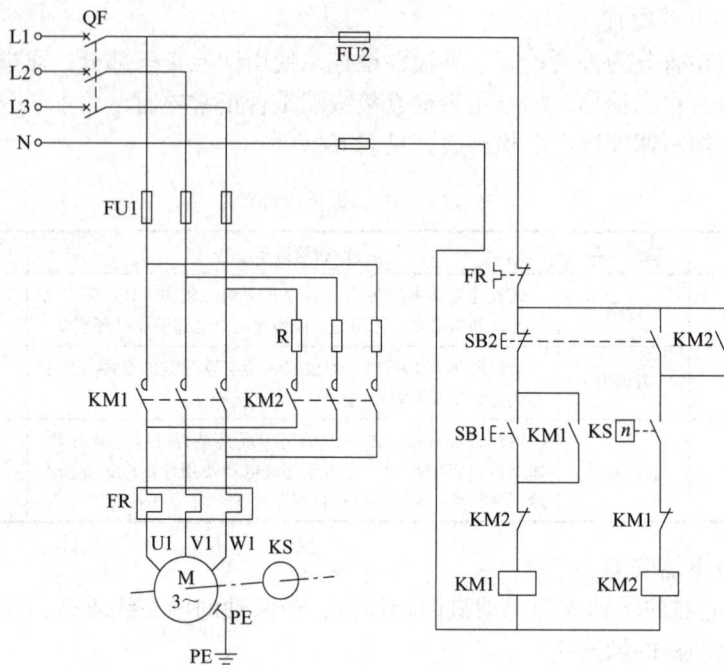

图 6-16   三相异步电动机反接制动电路

☑ **思考题 7**   如果不能进行正常制动，可能原因有哪些?

①速度继电器损坏；②速度继电器接线错误；③速度继电器接线不牢。

◈ 五、任务实施

1. 准备工作

进行操作前，领取安全帽、绝缘服、绝缘鞋、绝缘手套等防护用品，每人一套，按照表 6-4 和表 6-5 要求进行准备。

表 6-4   电工工具清单

序号	工具名称	单位	数量	备注
1	万用表	个	1	
2	剥线钳	个	1	
3	验电笔	个	1	
4	断线钳	个	1	
5	十字槽螺钉旋具	把	1	
6	一字槽螺钉旋具	把	1	
7	工具箱	套	1	
8	压线钳	把	1	

表 6-5　电气元器件清单

序号	工具名称	单位	数量	符号	备注
1	断路器	个	1	QF	
2	熔断器	个	2	FU1、FU2	
3	按钮	个	2	SB1、SB2	
4	交流接触器	个	2	KM1、KM2	
5	导线	条	若干		
6	热继电器	个	1	FR	
7	速度继电器	个	1	KS	

2. 实操练习

（1）电动机反接制动电路接线

1）请写出控制要求：

按下起动按钮，电动机正转运行；按下停止按钮，电动机停止运行。

2）按照控制要求，绘制电路图，如图 6-16 所示。

3）请按照控制要求，选择合适的电气元器件并说明理由：

① 断路器：一般选择断路器额定电流大于等于 1.5～2.5 倍电动机额定电流，电动机额定电流为 4.8A，因此选择断路器型号为正泰 DZ47-60C，额定电流 10A，额定电压 400V，满足使用要求。

② 交流接触器：一般选择交流接触器额定电流大于等于 2 倍电动机额定电流，电动机额定电流为 4.8A，因此选择交流接触器型号为德力西 CJX2-1210，额定电流 12A，额定电压 380V，满足使用要求。

③ 热继电器：选择热继电器可调整定电流大于等于 1.2 倍电动机额定电流，电动机额定电流为 4.8A，因此选择热继电器型号为正泰 JR36-20，电流调节范围为 4.5～7.2A，额定电压 380V，满足使用要求。

④ 按钮：根据电动机的额定电流和额定电压，选择正泰 LA38 控制按钮，该按钮适用于交流 50/60Hz、额定电压至 380V 的电路，满足使用要求。

⑤ 熔断器：一般选择熔断器额定电流大于等于 1.5～2.5 倍电动机额定电流，电动机额定电流为 4.8A，因此熔断器电流选择 10A，选择熔断器型号为 RL28-32 熔体和 RT28N-32X 底座，额定电流 10A，额定电压 380V，满足使用要求。

⑥ 速度继电器：根据电路电压、频率和电动机转速进行选择，电路电压为 380V，频率为 50Hz，电动机转速为 2840r/min，因此选择速度继电器型号为 JY1，额定电压 500V，转速 3000r/min 以下，额定频率 50Hz，满足使用要求。

注意事项：

① 操作之前，需要穿戴好防护用品，确保工作台安全不带电，电气元器件和电工工具准备齐全。

② 按照要求绘制电路图，熟悉各电气元器件之前逻辑关系与布线方法。

③ 按照电路图进行实物接线，使电路正常运行。

④ 实操结束后，将电气元器件和电工工具按照要求放好，确保数量和种类齐全。

⑤ 按时归还防护用品、电工工具及电气元器件。

（2）电动机电路故障检测及排除

1）肉眼观察，检查每个电气元器件表面是否存在破损、裂缝等明显问题，如果有的话，更换损坏的电气元器件。

2）根据之前的万用表使用方法，结合电路图，利用两个表笔对整个电动机电路的所有电气元器件进行导通性检查。

3）对照电路图，对电动机主电路和控制电路的接线逻辑进行检查，按照"一进一出"原则，检查是否存在导线接错位置的问题。

4）针对电动机电路的每个接线端是否存在接触不良进行检查，方法是用手轻轻拽导线，看看是否容易拽掉，如果容易拽掉，则说明接线不牢，需要重新将导线拧紧。

5）完成电动机电路所有故障排除并根据实际情况填写表6-6。

表6-6　电路故障检查表

序号	电气元器件导通性	检查结果	接线端松紧	检查结果	接线逻辑	检查结果
1	断路器 QF		断路器进线端和出线端		对照电路图检查接线位置是否正确	
2	熔断器 FU1、FU2		熔断器进线端和出线端		对照电路图检查接线位置是否正确	
3	交流接触器 KM1、KM2		交流接触器进线端和出线端		对照电路图检查接线位置是否正确	
4	热继电器 FR		热继电器进线端和出线端		对照电路图检查接线位置是否正确	
5	按钮 SB1、SB2		按钮进线端和出线端		对照电路图检查接线位置是否正确	
6	速度继电器 KS		速度继电器进线端和出线端		对照电路图检查接线位置是否正确	

◆ 六、任务考核

任务考核标准见表6-7。

表6-7　任务考核标准

考核任务	考核要求	配分	评分标准	扣分	得分
认识电气元器件	1. 能认知电压继电器、电流继电器、速度继电器等电气元器件 2. 熟悉电压继电器、电流继电器、速度继电器等电气元器件的作用	15	1. 不认识电压继电器、电流继电器、速度继电器等电气元器件，扣2分/个 2. 不熟悉电压继电器、电流继电器、速度继电器等电气元器件作用，扣2分/个		
电工工具使用	掌握卷尺、线槽剪刀等基本电工工具使用方法	10	1. 卷尺、线槽剪刀等工具使用不熟练，扣1分/次 2. 损坏电工工具，扣1分/次		

（续）

考核任务	考核要求	配分	评分标准	扣分	得分
接线操作和排故操作	1. 掌握接线操作方法 2. 掌握排故方法	50	1. 电气元器件选用不当，扣 2 分 / 处 2. 接线松动，扣 1 分 / 处 3. 接线错误，扣 2 分 / 处 4. 电路不能正常运行，扣 5 分 / 处 5. 不能正确排除故障，扣 2 分 / 处		
课堂实训情况	态度认真、虚心好学、埋头苦干	5	做与课堂无关的事情，扣 1 分 / 次		
自觉遵守安全文明生产规程	规范着装，安全文明操作，无事故和事故苗子	5	1. 违反安全生产规程，视情节扣 1～5 分 2. 违反文明操作规程（工具、器材的摆放不规范，不清理现场），扣 1～5 分 3. 着装不规范，扣 1 分 / 次		
团队协作情况	具有良好的团队合作精神，热心帮助小组其他成员	5	不团结同学讨论疑难问题，扣 1 分 / 次		
现场管理情况	能够按照 6S 管理正确管理现场	5	未按照 6S 管理整理现场，扣 1 分 / 处		
学习纪律出勤情况	遵守上下班制度，无迟到、早退、请假	5	迟到、早退、请假，扣 1 分 / 次		

七、任务总结

填写任务总结反馈表，见表 6-8。

表 6-8　任务总结反馈表

实训存在问题	具体原因	改进措施

参 考 文 献

[1] 金国砥. 电工实训 [M]. 3 版. 北京：电子工业出版社，2017.

[2] 张永飞. 电工技能实训教程 [M]. 西安：西安电子科技大学出版社，2005.

[3] 王晔. 电工技能实训 [M]. 北京：人民邮电出版社，2010.

[4] 樊新军，黄鹏，王珊珊. 电工技能与实训 [M]. 重庆：重庆大学出版社，2021.

[5] 陈圣鑫，唐素玲. 电工基础与实训 [M]. 北京：电子工业出版社，2017.